侨界杰出人物故事丛书

# 侯加昌的故事

宋旭民◎编著

中国華僑出版社
·北京·

**图书在版编目（CIP）数据**

侯加昌的故事 / 宋旭民编著. -- 北京：中国华侨
出版社，2024.1
ISBN 978-7-5113-8929-9

Ⅰ.①侯… Ⅱ.①宋… Ⅲ.①侯加昌—生平事迹
Ⅳ.①K825.47

中国版本图书馆 CIP 数据核字（2022）第 218987 号

**侯加昌的故事**

编　　著：宋旭民
责任编辑：刘晓燕
封面设计：何洁薇
经　　销：新华书店
开　　本：710毫米×1000毫米　　1/16 开　　印张：19.5　　字数：225 千字
印　　刷：北京天正元印务有限公司
版　　次：2024 年 1 月第 1 版
印　　次：2024 年 1 月第 1 次印刷
书　　号：ISBN 978-7-5113-8929-9
定　　价：59.80元

中国华侨出版社　　　北京市朝阳区西坝河东里77号楼底商5号　　　邮编：100028
编 辑 部：（010）64443056-8013　　传　真：（010）64439708
网　　址：www.oveaschin.com　　　E-mail：oveaschin@sina.com

如发现印装质量问题，影响阅读，请与印刷厂联系调换。

# 目　录

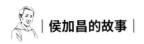

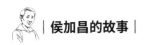

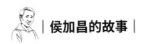

第一章

## 少年时期

# 1
# 传奇三宝垄

本书传主侯加昌，祖籍广东省梅州市梅县①，1942年8月出生于印度尼西亚②三宝垄市。在展开他的故事之前，有必要先来介绍一下三宝垄市。

三宝垄市位于爪哇海北海岸上，是印尼爪哇岛中爪哇省的商港和首府，是印尼仅次于泗水、雅加达的第三大港。"三宝垄"之名源于中国航海家郑和的一次偶然到访。

相传在明代时，此处虽然已有人迹，但文化水平较低，还停留在奴隶制甚至原始社会阶段，也未形成市集海港。据当地人说，明永乐十四年（1416年），郑和第五次下西洋，其船队在爪哇海从东向西行驶时，副使王景弘恰好得了重病，需要上岸休养。郑和见前面陆地的海岸蜿蜒、海浪平缓，是天然的避风良港，便停船休整。

上岸之后，发现此地虽有地理便利，但没有补给品来源，怕耽搁太久会影响船队航行，便决定给王景弘找个栖身之地养病，之后大部队先行前进。他带领众人上岸寻找，在离岸不远处发现一个可供栖身的山洞，既可以作休养之用，又可防御野兽袭击，便留下10名船员，以及一些食物、药物，一条船，让王景弘在此休养，自己则继续航行。

王景弘经过休养，病情好转，但没有了郑和的音信，与部下商议之

---

① 现为梅县区，由梅州市管辖。
② 为行文简洁，后文全部简称为"印尼"。

后，决定随遇而安，在此地扎下根来，与当地人通婚生息。经过王景弘等人的经营，此地逐渐人丁繁衍，成为一个重要的港口市镇。

郑和小名"三宝"，为了纪念郑和曾来此处，便将王景弘栖身过的洞穴命名为"三宝洞"，而这一片区域则命名为"三宝垄"。王景弘雕刻了郑和的木像，放在洞里供奉。他活到78岁，其墓碑刻着"三宝大人的领航员"字样，以表明自己与郑和的关系。

有关郑和在三宝垄的传说，虽然在学界有争议，甚至有人认为事实不足，但在当地则一直传颂，是当地华人的骄傲。每年农历六月二十九日为郑和登岸的日子，人们会举行隆重的庆祝活动，并在全城游行。后来，一次大雨把三宝洞冲塌，活动停了好多年。直到清雍正二年（1724年），一位名叫林泽的华人首领发动同胞在三宝洞口举行隆重的庆祝大会，感谢郑和几百年来保佑此地华人安居乐业。在会上募捐集资，重修三宝洞，又在洞口修建凉亭，为前来祭祀瞻仰的人们提供休息方便。后来，人们又在此地建起郑和庙，来观光的人越来越多，成为当地有名的名胜古迹。

在几年的繁衍过程中，此地出现了不少华侨[①]名人，本书传主侯加昌是一个，除此之外还有一大批各行各业的华侨精英。

印尼糖业大王黄仲涵就是其中之一，此人虽在爪哇岛出生，但对中华民族有着极强的认同感。辛亥革命爆发后，他以"轩辕后人"的名义寄送5万荷盾给革命军，1915年又捐助5万荷盾支持蔡锷的护法运动。为此，国民政府先后授予他一、二等爱国勋章。黄仲涵的后人也受到其爱国行为的感染，大力支持国内的革命。其女儿黄蕙兰是近现代外交家顾维钧的妻

---

① 在当地夹杂着华侨、华人，甚至华裔等不同身份，本书为了行文的简洁，统一使用"华侨"一词代称。

子，以自家的丰厚财力支持丈夫的外交活动，在那个特殊的年代为国家争得不少荣誉，她被外国友人称为"远东最美丽的珍珠"。

可以看出，这座带有传奇色彩的城市，从其诞生之日起，就深深烙上中华文化的底色，在此繁衍的华侨也在基因中带有爱国爱乡的情结。正是有这样的文化底色，影响着侯加昌的一生，使他成为一名坚定的爱国者，一名为中国羽毛球事业作出卓越贡献的优秀运动员、教练员。

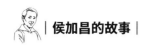 

# 2
# 幼年侯加昌

侯加昌的父亲出生于梅县，这里从 19 世纪开始就有大批人口出洋谋生，是重要的侨乡<sup>①</sup>。受到海外先进思想的影响，侯父参加梅县的社团反对军阀统治和外国列强。他的进步行动被人告发，为避免被政府追捕而被迫离开家乡，随着乡亲远走南洋印尼。印尼的华侨众多，他就在华侨经营的公司中工作，过上较为稳定的生活。后来，他到三宝垄工作，并成了家，自此在此安居。

据侯加昌回忆，他家的四周都种满树，常年有鲜花盛开，房子也非常宽敞，足够一家十几口人生活。而且，房子后面还有一个在当地非常普遍的羽毛球场，侯父在工作之余，经常邀请朋友来这个羽毛球场打球。侯加昌与兄弟们常常在场边观战，看到大人们在场上扣杀、吊球，总是投去羡慕的目光。在这种家庭氛围的熏陶之下，兄弟几个都特别热爱运动。

侯加昌有 8 个兄弟姐妹，他在兄弟中排行第三，是兄弟中最聪明也最调皮的。凡是那个年代男孩玩的游戏他都热爱，放风筝、打弹子、斗蟋蟀，甚至赛自行车，样样在行，而且凭着一股钻劲儿，总要玩得比别人好，用他的话说，就是"想要在小伙伴里当小头儿、称王"。

到了上学年龄，侯加昌在当地一所进步学校新友中小学读书。在这

---

① 据当地侨务部门统计，至 2013 年已有旅居海外的华侨华人有 100 多万人，接近梅县户籍人口的两倍。

里，他的运动眼界大大开阔了，除了羽毛球，还学会踢足球、打篮球、打乒乓球、游泳。由于侯加昌身上的运动天赋，他很快就被学校的乒乓球队挖掘出来，成为其中的一员。经过几年的训练，侯加昌的球技越来越好，四年级时还夺得学校乒乓球赛的冠军。这可能是他运动生涯第一个冠军，也是唯一的非羽毛球冠军。

不过，这个冠军并没有促成他在乒乓球的道路上走下去。他在夺冠之后受到激励，加入当地一个乒乓球俱乐部，接受系统的乒乓球技术训练。俱乐部中把队员分成甲、乙、丙三组，甲组的水平最高，丙组的水平最低。以侯加昌当时的水平，应该可以进入乙组，但教练看到他年纪小，就把他编到丙组。这种无意的错失打击了侯加昌的积极性，他内心感到非常委屈，加上对手水平低，训练效果没有提高，练了一段时间就退出俱乐部，从此不再打乒乓球。

打乒乓球的挫折并没有打击侯加昌参与运动的热情，他转而将注意力放到父亲和兄弟热爱的羽毛球上。

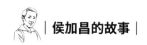 

# 3
# 羽坛霸主

为什么侯加昌会爱上羽毛球呢？除了家庭的影响之外，还与当时世界及印尼的羽毛球发展有关。下面，我们先按下对传主的叙述，介绍一下羽毛球的发展历程。

现代羽毛球运动起源于英国。19世纪60年代，一批英国的印度退役军官把当地一种叫"普那"的游戏带回英国，这种游戏是把羽毛插在圆形硬纸板上，用木拍在空中交替击打。引入英国之后，这种游戏不断改进，研制出用羽毛和软木做的球，用弦线穿成的球拍，游戏变得更具可玩性与可观性。

1873年，英国格拉斯哥郡的伯明顿镇（Badminton）有一位叫鲍费特的公爵，在自己的庄园中接待由印度返英度假的英国军官。此时天上下起雨来，主人只能把户外活动改为室内活动，开展的活动也要进行调整。这时，那些在印度服役的军官就提议，用已经改良过的球和球拍来一场在印度十分流行的"普那"游戏。当时的室内场地并不是长方形，而是葫芦形，他们创造性地在场地内拉起一根绳子作为网，两个人处于绳子的两边，相互用球拍推球。这样一次无心的创造，让英国的绅士们流连忘返。自此之后，这种"普那"游戏风靡整个英国的上流社会。为了纪念这项运动的诞生地伯明顿，这种带有印度色彩的游戏更名为"Badminton"，成为英国的传统运动项目。

由于英国当时拥有非常广阔的殖民地，英国本土流行的羽毛球运动被英国人带到英联邦各国。随着羽毛球运动的日益兴盛，到1934年，由英国、法国、加拿大、丹麦、荷兰等国联合成立国际羽毛球联合会，英国人乔治·汤姆斯<sup>①</sup>当选首任主席。在这期间，由于欧美最早流行这种运动，其运动水平也最高，丹麦、英国等国的运动员称雄于国际羽坛。但随着这项运动在亚洲地区的普及，亚洲人身体灵活的优势逐步显现出来，特别是马来西亚和印尼，可以称为当时世界羽坛的亚洲双雄。

这里要提一下世界上历史最悠久的羽毛球比赛——全英羽毛球公开赛。它由1898年举行的吉尔福德公开赛演变而来，从1899年开始举办，每年一届，只在两次世界大战期间停办，截至2022年举办了117届。虽然称为"全英"，但后来参赛的选手已不限于英联邦，世界各国的选手都可以参加。

20世纪40年代，前羽联主席汤姆斯在国际羽联会议上提出，组织世界性男子团体比赛的时机已经成熟，并表示将为这一比赛捐赠一个奖杯，于是便有了羽毛球历史上最为重要的奖项"汤姆斯杯"。从1949年到1955年举办的三届汤姆斯杯比赛，马来西亚凭借着黄秉璇<sup>②</sup>、庄友明<sup>③</sup>等一批华侨选手，打破欧洲人对羽毛球奖项的垄断，在杯赛中异军突起，夺得奖杯。而从1958年起，印尼也凭借一批华侨选手的推动奋起直追，又一口气夺得三届奖杯。直到1982年中国参加这项杯赛之前的11届比赛，印尼

---

① 汤姆斯，英国著名的羽毛球运动员，多次获得英国羽毛球冠军。他曾连续4次获得全英羽毛球锦标赛男子单打冠军。1934年7月国际羽联成立时，他被推选为第一任主席。

② 黄秉璇，广东台山人，马来西亚华侨，是当地著名华商黄亚福的侄孙，在马来西亚与新加坡享有"球王"美誉。

③ 庄友明，马来西亚华侨，与哥哥庄友良合作双打，连续三年夺得全英羽毛球锦标赛男子双打冠军，被誉为"马来西亚羽毛球之父"。

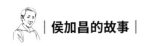 

获得其中的 7 次奖杯，是当时世界公认的羽毛球王国。

这个羽毛球王国的羽毛球普及程度有多厉害呢？据侯加昌的回忆，当时印尼处处有羽毛球场地，打羽毛球就如巴西人踢足球一样普遍，是人们生活中不可分割的一部分。每当黄昏来临，人们完成一天的工作之后，就会在自家或公共的简易羽毛球场上挂起球网，一对一地打起羽毛球。当时的印尼人已经超过 1 亿，是马来西亚的十倍，又有如此多的人参与羽毛球运动，使得印尼的羽毛球水平快速提高，并超过马来西亚。在加入国际羽联之后，夺得了众多殊荣，成为当时的羽坛霸主。而华侨群体又是涌现羽毛球高手的重点人群，因为华侨有更强的刻苦耐劳精神，且经济能力较强，有更多时间精力投入这项运动之中。这些华侨羽毛球运动员对印尼的羽毛球事业发展作出了不可磨灭的贡献。

# 4

# 初学羽毛球

　　侯加昌回忆，他在观看大人打球时，总爱模仿大人的一举一动，特别是当他们中场休息时，孩子们就会蜂拥进场，模仿打羽毛球的动作挥舞。不过，这都是徒劳，因为他们没有自己的球拍，只能徒手打空气。球拍在当时价格较高，一个小孩子并不容易拥有。正是这样的原因，使侯加昌选择的第一项运动不是羽毛球，而是乒乓球。

　　不过，要想拥有属于自己的球拍也不是没有办法。有一次，侯加昌在场边看打球，侯父一位同事由于用力过猛，竟然把球拍打断了！当时的球拍还是旧式的木拍，侯加昌灵机一动，偷偷把打断的木拍捡回来。在侯父的帮助之下，他把球拍的断口锯平，再用薄铁皮把断柄部位绑紧接牢。这样，一只"新"的球拍诞生了，虽然比普通球拍短了一点儿，但正好给小孩子用。于是，侯加昌在这样一次偶然的机遇下走上了羽毛球运动的道路。

　　当时的训练条件非常简陋，人们都没有正规的运动鞋，小孩子大多是赤脚上阵。球场大多是泥土地，在热带阳光的长时间照射之下，其地表温度往往会很高，沙土的摩擦在脚板上磨出一个个水泡。但这些都不能阻止侯加昌对羽毛球的热爱，他打着打着实在无法忍受脚板的疼痛，就会跑到水井边打一桶水，把脚放进水桶中浸泡，以缓解水泡带来的疼痛，待痛感稍稍过去，又马上拿起球拍继续上场奋战。

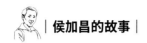 

当时，比侯加昌大三岁的二哥侯伟昌已经训练了几年，是当地羽毛球会的主力队员。侯加昌就跟着二哥练习，模仿他的动作。二哥也经常指点他，带他去看比赛，使侯加昌的水平提高得很快。

但"跟屁虫"也有被拒绝的时候。侯加昌回忆，有一次二哥去看比赛，他很想跟着去，但二哥说什么都不答应，把他甩在家中。侯加昌很是气恼，无处发泄之下，竟然把二哥的新裤子给剪破了。这下子可把祸闯大了，二哥很快就发现裤子破了，认定是侯加昌搞的恶作剧，将事情告诉侯父。

侯父当然不能原谅侯加昌的鲁莽行为，用鸡毛掸子狠狠地打了他一顿，他的屁股和大腿上留下青一道、紫一道的掸子印痕。从此，他懂得了：在做事之前一定要想清楚后果，不能仅凭一时意气去做。

侯加昌13岁时，羽毛球水平已经很不错，就加入当地一家球会练球，开始正规的训练生涯。这段训练生涯虽然艰苦，但在侯加昌脑中留下深刻的记忆，多年以后常常会想起，甚至是在代表中国队回到三宝垄比赛时，还专程到这个球会探访，回忆当年的训练情景。

当时，侯加昌手头的零用钱不多，都用来交球会费了。练完球之后，看到球会旁边小卖部陈列的饮料，嗓子就渴得冒烟。他没有多余的钱买饮料，只好强忍着口渴，跑回家猛灌凉水解渴。与他一起练球的小伙伴也是囊中羞涩，喝杯冰凉的饮料都是非常奢侈的享受。

后来，小伙伴们想了个享受冰水的法子——比赛双方打赌，谁输了比赛就请对方喝饮料。这样一来，大大激发了小伙伴们的练球积极性，大家都拼命练习球技，专注地比赛，务必把对手打败，然后享受对方输掉的饮料。

　　于是，一个简陋的小卖部就成为侯加昌和他的小伙伴们眼中的"颁奖台"，能站在"台"前享受那免费的饮料，一下子就消除了训练与比赛带来的劳累，也激发起侯加昌进一步学习羽毛球的兴趣。侯加昌的技术越来越好，站上"颁奖台"的机会越来越多，成为这个激励法子的受益者。

　　在这个球会的训练中，侯加昌掌握了较为良好的羽毛球技术。

第二章
# 崭露头角

# 1
# 遇见偶像

在 20 世纪 50 年代，印尼华侨中涌现了许多优秀的羽毛球运动员，包括王文教[1]、陈福寿[2]、陈友福[3]等，其中，陈友福是侯加昌最为崇拜的偶像。他以快速下压抢网和扣杀上网著称，为印尼队夺得的众多殊荣立下汗马功劳。

1956 年，陈友福到三宝垄表演。侯加昌听闻消息，就想尽办法挤进表演的球场，利用瘦小灵活的优势钻到最前边。他紧盯着这位球王的招式，拼命将他的动作印到脑海中。侯加昌太崇拜陈友福了，甚至把自己都想象成陈友福，在练球时，当他高高跃起扣杀时，就会大声地喊道"陈友福"，似乎这样就能从陈友福身上获得力量，把球扣得更狠，让对手没有回球的机会。

后来，侯加昌在报纸上看到有关陈友福通过长跑提高身体素质的经验报道，马上决定效仿。他清晨 5 点钟起床，在家前面的空地上练长跑、练跳绳，然后回家洗了澡再上学。由于训练得太累了，睡眠又不足，好几次在课堂上打起瞌睡。老师发现了就罚他站，侯加昌虽然感到很丢脸，但挡

---

[1] 王文教，福建南安人，印尼归侨，1954 年回国，是新中国第一代国家队羽毛球运动员，后历任福建女队教练，国家队总教练等职。

[2] 陈福寿，福建同安人，印尼归侨，1954 年回国，是新中国第一代国家队羽毛球运动员，后历任福建女队教练，国家队教练、副总教练，中国羽毛球协会副主席等职。

[3] 陈友福，印尼羽毛球名将，与队友杨金美、陈景源、李保然一起，助力印尼队历史性战胜卫冕的马来西亚队，夺得 1961 年的汤姆斯杯。

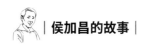

不住对羽毛球的热爱，仍然坚持早起训练，并不觉得是件苦差事。

1957年，中国羽毛球队到印尼访问，其中有一站到三宝垄对阵中爪哇联队。那天，侯加昌回家晚了，得知消息后马上随妹妹赶往赛场。此时临时搭起的球场的座票已经售完，只好买了两张站票进场。侯加昌个子矮，站在后座如何能看到场上的比赛呢？正在焦急之际，球场停电了，场上一片混乱。侯加昌拉着妹妹趁乱挤到前排，坐到父亲跟前。

这是他第一次亲眼见到王文教、陈福寿、施宁安和黄世明。这4个人都是印尼华侨，在印尼的赛场上打出了名声。1954年，4人先后回国，马上成为刚刚成立的国家羽毛球队主力。此次，他们就代表中国前来印尼访问。侯加昌看到他们衣服的胸前印着醒目的国徽，羡慕极了，心想着日后也要像他们一样，回国成为中国队的一员。侯加昌当时不曾想到，他这一生将深受两位教练的影响——若干年后，王文教、陈福寿会成为自己的教练，再后来，两位又与他一同担任教练，一起为中国羽毛球事业奋斗。

可惜的是，虽然场上的华侨尽力为中国队呐喊加油，侯加昌也把嗓子叫哑了，但中国队仍然输了比赛。失望的观众逐渐离场，而侯加昌仍然久久站在场边不肯离去。侯父问他为什么不走，侯加昌只是摇头，心里想：我一定要成为一名中国羽毛球队队员，穿着印有国徽的球衣战胜印尼队！侯父怎会不知儿子的心事，拍拍侯加昌的脑袋鼓励说："回去好好练球，长大了就有出息！"

## 2
# 室内羽毛球场

经过一轮艰苦的训练，侯加昌的身体素质和技术水平都有了质的飞跃，成为所在球会的种子选手。此时，当地举办了一次羽毛球比赛，他被编入男子丙组。奇怪的是，同组还有一个女生。这个女生叫王凤娘，是当时印尼的女子全国冠军，由于报名人员中没有女子选手同台竞技，就被组委会编入男子丙组，与男选手一起比赛。侯加昌面对这个全国冠军，并没有怯场，按着自己的打法去打，竟然把她挑落马下。之后，他又一路过关斩将，夺得丙组的单打冠军。这次夺冠大大增强了侯加昌的信心，相信自己可以把羽毛球打好，更加用心地投入训练。

紧接着，侯加昌又代表三宝垄参加中爪哇地区的少年羽毛球赛。他凭借敢打敢冲的作风和过硬的技术，继续一路向前，杀入单打决赛。决赛中的对手是一位身材高大、年龄稍长的选手，他后面还有一个国家队队员当临场教练。即使是这样，侯加昌仍然紧咬着对方。无奈对方的经验与技术更好，最终侯加昌以 1∶2 的局数惜败。赛后，侯加昌不服气，认为自己的临场经验不足，又没有教练现场指导，才导致错失冠军。幸好，组委会看到侯加昌是一个极有潜力的运动员，将他评为"希望之星"，并奖了他一把漂亮的球拍。有了这样的奖品，才稍稍让侯加昌释怀。

1958 年，侯加昌考上高中，他继续进行羽毛球训练。这一年，让他记忆犹新的是有了一个室内羽毛球场。当时，全社会都非常热爱羽毛球运

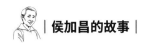

动，已经开始不满足于使用简陋的沙土露天场地。有位华侨牧场主想了个办法，把废弃的动物园仓库收拾出来，在水泥地上画出界线，变成一个正儿八经的室内羽毛球场。而且，他不仅自己使用，还向相熟的华侨免费开放，侯加昌成为这个室内场地的受惠者。他还记得，第一次穿上运动鞋，在这个水泥场上厮杀扣球，感觉自己的一跳，就能腾跃到空中，比平常要高得多，非常有力而真实，那种感觉真是太难忘了！

有了如此好的条件，侯加昌的训练更加忘我，一逮到空余时间就跑到室内羽毛球场练习。有一次，天空下起倾盆大雨，动物园中的排水设施不好，上涨的雨水把鳄鱼池的围堤冲开了，凶恶的鳄鱼顺着水流爬出来，在动物园中四处游弋。当时，侯加昌和伙伴们还忘情地练球，根本不知道危险将至。幸好动物园的管理员及时发现了他们，把他们带离险境，否则的话，这几个小伙伴就成为鳄鱼当天的可口晚餐了。

# 3
# 牛刀小试

1959 年上半年，中爪哇地区少年羽毛球赛再度开锣，此次比赛地点选在古突士。经过一年的接触，那个华侨牧场主非常看好侯加昌，资助他参加比赛。有了物质作后援，侯加昌的底气更足了，一口气报了三个项目，决心一扫去年的耻辱。

年少的侯加昌完全没有考虑到，同时进行三项比赛，要消耗巨大的体力，并非一般人能够承受。当时侯加昌身体还很瘦弱单薄，体重不到 50 公斤，加上营养补充跟不上，越打到后面就越显吃力。比赛最后一天，侯加昌要连续打 8 场球，打到最后的单打比赛，体力大大超支的他感到腹部剧痛，无论如何也上不了场。他无奈退出比赛，失去争夺冠军的机会。回到家中，侯加昌破天荒地在床上躺了几天。侯父见状，奇怪地问："加昌啊，怎么不出去打球呢？"侯加昌有气无力地指着腹部说："我这里痛得厉害，动不了了。"侯父心痛地说："你一定是体力超支了。好好休息几天吧！"

在这次比赛中，侯加昌见到来自梭罗市 ① 年仅 13 岁的陈玉娘 ②。陈玉娘虽然很瘦小，但技术很出众，给侯加昌留下了深刻的印象。陈玉娘后来也回到中国，成为中国羽毛球队的女子主力，退役后担任国家队教练，与侯

---

① 梭罗市是印尼著名的羽毛球之乡，王文教、陈福寿、吴俊盛等人均出自该地。

② 陈玉娘，福建人，印尼归侨，1960 年回国，入选湖北省羽毛球队，后成为中国羽毛球队主力。

加昌共事多年，共同为中国羽毛球队培养了许多优秀人才。可惜，她当时的整体实力不足，输给有"羽球世家"之称的林家选手[1]。20年后，侯加昌将要与林家的林水镜对决，并成为他告别单打的最后一战。

到下半年，印尼的全国羽毛球赛开锣了，全国各地开始选拔赛，三宝垄也不例外。侯加昌自然不会错过这个锻炼的机会，毫不犹豫地报名参赛。

选拔赛采用单循环，也就是说，分到一个小组的选手，每个人都要与组内的选手打一场，最终以积分最高的若干名晋级。侯加昌所在的小组有一个老冠军，有人悄悄向侯加昌递话，要他给这个冠军让球。

侯加昌对这种事情非常反感，不假思索地说："我父亲不准我让球。"

之后就再没有人找过他了。年少如初生之犊的他对此并不畏惧，只管一场一场比赛地打，最终，他凭借着扎实的基础和良好的技术，获得参加全国比赛的入场券。侯加昌第一次参加全国性的比赛，他对自己充满信心。

不过，印尼是羽毛球的藏龙卧虎之地，全国性比赛云集了所有好手，每一场的对手都并非等闲之辈，而侯加昌是第一次参加这种级别赛事的"菜鸟"，他的劣势是经验严重不足。

第一轮比赛，他顺利晋级。他在查看赛程表时惊喜地发现，当时已小有名气的汤仙虎竟然与他在一个赛区，只要顺利闯过第二轮，就极有可能会对阵。而第二轮面对的是一个实力不太强的选手，吃过体力不支大亏的他萌生一个取巧的念头：要不，这场比赛留点儿力，好在下一轮集中力量

---

[1] 林家涌现了林水镜、蔡祥林等顶级选手。

对付汤仙虎？主意已定，他便按着这个思路开始比赛。

第一局下来，气势如虹的侯加昌轻松拿下局点，取得胜利。第二局，他放慢了速度，以为拖一下就能赢得比赛。谁知道，对手是一个屡败屡战的战将，看到侯加昌放慢速度，认为他的体力跟不上，便奋勇直追，顺利扳回一局。这样，侯加昌被逼进胡同，第三局必须取胜！怀着既懊悔又焦急的心情，侯加昌的水准一落千丈，而对手则是越战越勇，最终取得第三局的胜利。就这样，本来大热的侯加昌在阴沟里翻了船，错失一次在少年时期与日后的老对手汤仙虎的较量机会。

比赛之后，侯加昌别提有多失望了，但他并没有沉溺在失望之中，而是告诫自己：以后一定要认真对待每一场比赛、每一分球，哪怕对手与自己的水平相差很远，也要拼尽全力。塞翁失马，焉知非福。这次比赛虽然失败了，但对侯加昌的成长意义重大，为他今后的冠军之路奠定了思想基础。

第三章

# 决定回国

# 1

# 名落孙山

在全国比赛结束之后，印尼羽协马上筹办青少年集训，从此次比赛表现优秀的青少年中挑选人才。以侯加昌的水平，进入集训名单绰绰有余。但名单公布时，侯加昌发现自己并不在其列。充满疑惑的他便向人打听，到底是什么原因让自己不能入选。经过打听才得知，原来印尼羽协立了一条不成文的规矩，只要是中国国籍的运动员，通通不准进入集训名单。当时侯加昌尚未成年，而侯父选择了中国国籍，因此侯加昌也被视为中国国籍，按照印尼的有关规定，没有印尼国籍者不能入选国家运动队 [①]。侯加昌对此感到非常愤怒，更加坚定了要回国发展的想法。

这里，有必要介绍一下当时印尼的社会状况和华侨的生活境况，了解侯加昌名落孙山的深刻原因。

印尼的主体民族是印尼人，他们在荷兰殖民统治时期处于生活的最底层，受到残酷的压迫。荷兰统治者为了减轻荷兰殖民政府的统治压力，就想方设法用族群对立的办法转移内部矛盾。其中一项策略就是分而治之，将部分税收分给华侨，让其收取之后再行分成。这种策略致使土著认为是华侨在剥削他们，成功地把土著的矛盾焦点转移到华侨身上。与此同时，

---

[①] 针对印尼华侨存在双重国籍的情况十分普遍，中国与印尼在 1955 年签订了《中华人民共和国和印度尼西亚共和国关于双重国籍问题的条约》，规定在印尼居住的成年华侨必须选择其中一国国籍，而未成年人则跟随父母国籍，视为该国公民。

华侨历来以勤劳著称，又善于经营，在印尼积累起越来越多的财富，生活水平远远优于当地土著。据不完全统计，华侨在印尼只占总人口的 4%，但经营商家则占全额的四分之一，民营银行更是达到八成；在工业、农业以及一些服务业方面，华侨都占有举足轻重的位置。这种状况也使得当地人把仇富情绪聚焦在华侨身上。而印尼华侨以广东、福建为主，这些地方的华侨为了生存，往往喜欢抱团，形成各种小团体，难以融入印尼当地社会，又进一步使当地人视华侨为异类。

到 20 世纪 50 年代，印尼摆脱殖民统治独立自主，其民族意识日益抬头，意在建立一个大印尼主义的国家。但由于政治上的动荡，这种愿望难以实现，政客们采用投机手法，通过转移矛盾来唤起民众的民族意识。于是，印尼掀兴起了阿萨阿特运动（Assaat Movement）[1]，推行经济民族化政策，提出对"原住民"与"非原住民"进行差别对待，非原住民不得享有原住民的同等待遇。这一运动的本质就是排华，将华侨与原住民严格区分开来，并要结束华侨在经济领域的优势地位。[2]

苏加诺总统[3]上台之后，又倡导"有领导的经济"理念，认为国企优先于私企。华侨经营的零售业分布于印尼各个乡镇，印尼人自然而然地将私企的概念转换成华侨经营企业的概念，进一步将矛头对准华侨。

中国羽毛球运动员林建成回忆，其父亲是个小学校长，1952 年那年，在学校中升起五星红旗，竟然引来印尼当局搜查，并在学校内开枪、抓人。他的父亲只好带着全家避难，后来索性举家回到国内。又如梁小牧的

---

① 运动的发起者为曾任印尼内阁成员的阿萨阿特，因此以他的名字命名。
② 高艳杰.1959—1961年印尼排华浪潮与中印尼关系的波动［J］.世界历史,2020(5):45–59.
③ 苏加诺，出生于东爪哇苏腊巴亚（泗水）的土著贵族家庭，1945 年至 1965 年担任印尼总统，被称为"印度尼西亚国父"，后被军人政变夺取总统权力，1970 年病逝。

母亲，因为在学校中教唱《黄水谣》《高歌猛进》等进步歌曲，而被学校解雇，离开教育界从事商业活动。

在多重因素的推动下，排华浪潮被一浪浪推高，成为一个随时有可能爆炸的火药桶。开始是限制华侨经营的零售商店，要求在1959年底前结业；接着又限制华侨的居住地，甚至出现武力迫迁的情况；政府各个领域也开始出现排华的现象，包括限制华侨进入运动训练队。那些仍然留在运动队的华侨运动员，无不被要求放弃中国国籍，并改用印尼姓名。例如侯加昌的偶像陈友福改名为亨德拉·赞德拉内加拉，印尼的羽毛球双打名将陈景源改名为达马万·萨普特拉，后来被侯加昌战败的翁振祥改名为乌南·穆尔亚迪，"球王"梁海量改名为鲁迪·哈托诺·库尔尼亚万。

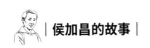 

# 2
# 立志回国

　　由于印尼国内越来越激烈的排华倾向，当地华侨越来越不安，有能力有想法的华侨无不寻求移民。新中国也采取积极的态度，邀请印尼各个领域的华侨回国参观，鼓励他们参加社会主义建设。

　　1953 年，国家体委邀请以方定垺① 为首的印尼华侨体育观摩团一行 50 人回国参加篮球、排球、网球和羽毛球四项运动会。羽毛球运动员王文教、陈福寿随观摩团回国，他们虽然错过了运动会赛程，但之后进行了长达 8 个月的观光之旅，所到之处让他们感到无比新奇与温暖，真切感受到这个新生的共和国充满朝气，中华民族的复兴充满希望。同时他又看到国内的羽毛球水平非常低，这让心怀祖国的王文教、陈福寿十分心焦。正是这次回国观光之旅，让王文教等人在不久之后决定回国效力。

　　无独有偶，在 1956 年，侯加昌的父亲作为中国保险公司的代理人，也受到新中国的邀请，回国参加国庆典礼。这次旅行虽然短暂，也让侯父大开眼界。他回印尼之后，非常兴奋地向家人讲述新中国热火朝天的建设面貌，听得侯加昌心驰神往。1957 年，梁小牧的父亲作为种植专家回国观光，受政府邀请到海南岛种植橡胶，于是一家大小与几个老专家一起回到国内定居。

---

　　① 方定垺，安徽歙县人，印尼侨界领袖，在体育领域有巨大影响，在他的牵线之下，有 500 多名华侨青年运动员回国效力。回国后担任致公党北京市委常委等职。

到了 20 世纪 50 年代末，印尼有些地方甚至专门成立遣侨委员会，有序地组织同胞回国，华侨家庭把一个又一个成年的子女送上回国之路。

在侯父的影响之下，侯加昌的大哥二哥都陆续回国升学深造，特别是与侯加昌志同道合的二哥侯伟昌，他进入了体育学院读书，不时写信回来介绍他在学院读书的情况。这些间接的信息让侯加昌更加坚定了回国读书的想法。

对此，他的球友们都表示反对，认为中国国内的条件不好，不利于练球。但怀有强烈爱国热情的侯父对他的想法很支持，表示时机成熟就送他回去。

1959 年，印尼爆发大规模的"排华潮"，侯加昌所在的学校也受到冲击。侯加昌感到，自己不能再在这个国家待下去了，就给已在国内打球的哥哥写信，希望他们帮助自己在国内寻求出路。

此时，时任中国外交部部长的陈毅元帅宣布，由中国政府租用船只，将有意愿的华侨接回国内。1960 年 2 月，第一艘接侨船"亚库契亚"号在棉兰启动接侨行动①。由此在华侨中掀起回国热潮，不少华侨见面的话题就是"回唐山"②。

这一时期，一些在印尼已打出一定名气的运动员，像汤仙虎、丘玉芳、陈玉娘、梁小牧、陈天祥、方凯祥、吴俊盛、颜存彩、郑青金等，都纷纷回国。还有一大批名不见经传的华侨体育人才充实到各地的学校当体育老师。值得一提的是，后来与侯加昌喜结连理的张明珠也与侯加昌同坐一艘海轮回国，只不过，当时双方并不认识。

---

① 接侨行动从 1960 年开始，直至 1967 年中印断交结束，共计撤侨 9 万多人。所用船只大部分从苏联租借而来。

② 海外华侨对中国的称呼。

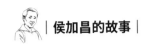 

# 3
# 离开印尼

得知中国接侨的消息后，侯父坐不住了，马上为侯加昌奔波。但他没有抢到接侨船的船票，好不容易在朋友的帮助下，买到3月的回国船票。此时，侯加昌离毕业还有两个多月的时间。侯父领着侯加昌去找校长，将侯加昌要回国的情况说明清楚，希望学校能够通融。校长马上同意了侯父的要求，准许侯加昌提前毕业。回到家中，父母协助侯加昌准备了点儿离家的物品，就匆匆送他到雅加达，踏上回国的海轮。

此时，印尼的排华气氛已经十分浓烈，连海关都不能避免。侯加昌在上船时，受到了印尼海关的故意刁难，要他在文件上印上十个手指头的指纹，还恶狠狠地警告他说，你这一去就休想再回到印尼。

侯加昌心里想：好吧，我就不回来了，我要一直留在中国！

除了警告，还严格搜查行李。如果给点儿小费，检查官可能还会睁一只眼闭一只眼地让旅客过去。侯加昌不懂得给小费，检查官把行李翻来覆去地看，甚至连球拍也属于违禁品，硬是把侯加昌随身的两把心爱的球拍扣下。这两把球拍都是他在比赛中赢回来的，其中一把就是参加中爪哇地区少年羽毛球赛中获得"希望之星"的奖品。这件事让侯加昌一直耿耿于怀。

物品扣就扣吧，人能上船就好！

侯加昌坐上一艘名为"芝加连加"号海轮①，缓缓地离开雅加达丹戎不碌港②，向着中国大陆驶去。岸上船上的人不断地挥手，向远去的亲人告别。侯加昌也使劲地挥着手，眼中的泪水不由自主地夺眶而出——一个未满18岁的少年，就这样离别自己的父母亲朋，换了谁都是离愁满怀。此时，华侨当中有人高唱起《团结就是力量》，大家跟着高唱，汇聚成一片雄壮的歌声。转眼间，侯加昌被即将到来的新生活燃烧起来——是的，前方就是伟大的祖国，在那里，他会追求到自己的目标！

不过，在憧憬希望之前，还要面对海轮上的困境。因为印尼海关的诸多限制，不准归国的华侨学生带钱，也不准带生活用品。这可怎么度过漫长的海上生活呢？家长们只有想个变通的办法，当海轮在必经的新加坡港停靠时，请当地的友人接济船上的孩子。侯父也这样去做，请当地一位经商的朋友送些零用钱和食物用品给他。

海轮到了新加坡，很多受委托的人如约来到港口，为船上的孩子送上必需品。但是，侯加昌要等的那个人始终没有出现，他只得不情愿地回到铺位。侯加昌往口袋摸了一下，只有可怜巴巴的25盾印尼币，这些钱相当于几毛钱人民币，在船上买一个苹果都不够，这可要怎么度过7天7夜的旅程啊？侯加昌的心慌乱起来。

屋漏偏逢连夜雨。随着海轮驶进深海，海浪越来越大，船体剧烈地摇晃起来。不习惯坐船的侯加昌五脏六腑都翻滚起来，吐得七荤八素。可怜这个18岁的少年，身边无人照顾，只能蜷曲着身躯，侧卧在铺盖上。这

---

① 据其他华侨回忆，这艘海轮有五层楼高，1万多吨重，是当时印尼最大的海轮，在1960年之后不久，就退役回收。

② 丹戎不碌港是雅加达的外港，全国最大货运港口。

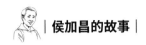 

时他摸到了手上戴的戒指，这是妈妈临行时送的，上面刻着一个"嘉"字 [1]。侯加昌的眼睛湿润了。这个漫长的夜，就这样过去了。

天无绝人之路。第二天，侯加昌在船上遇到一个认识他二哥侯伟昌的学生，他得知侯加昌的困境后，二话不说拿出几十元新币给侯加昌。这真是雪中送炭啊！感动得侯加昌握着这位学生的手拼命地摇晃。

侯加昌省吃俭用，艰难地度过了 7 天 7 夜的旅程。这段旅程成为他毕生的可怕回忆。

旅程终于有惊无险地挨过去了。3 月 17 日上午，"芝加连加"号进入香港海域，侯加昌跟随着乘客改坐小船 [2]，驶进祖国的南大门——广州！

---

① 据说侯加昌原名嘉昌，这个戒指是母亲专门刻上他的名字送给他的。

② "芝加连加"的目的地在厦门，要在广东下船的乘客就要改乘小船。

第四章

## 加入广东队

# 1

# 等待录取

侯加昌提着行李、迈着虚弱的步子走上岸。经过入关的手续后，辗转走出关口，第一眼就看到等候多时的二哥侯伟昌。此时的他虽然心中狂喜，但也无力冲上去。侯伟昌迎上来，拍着侯加昌的肩膀说："三年不见，长大不少啊！不过还很瘦弱，要加强锻炼才行！"说着就把行李接过来，带着侯加昌直往广州华侨学生中等补习学校而去。

广州华侨学生中等补习学校是一所国务院专门为回国读书的华侨学生开设的学校，创建于1953年，校址在东郊的石牌。学校除了有全日制的初高中之外，还为回国升学的华侨学生开设初中预备班、大学先修班。这是海外学生回国进入相应级别学校的一道桥梁。1959年以来，为了应对国际的反华浪潮，该校增设了接待安置华侨学生的任务。侯加昌被安排在大学先修班学习，找机会升学。

对于侯加昌等人来说，当时最难过的一关是食物关。由于中国正处于三年困难时期，国内的粮食极为紧缺，很多人面临饥饿的境况。华补校受到国家的特殊照顾，保证了粮食供应。

当时，受到困难影响的还有广东的羽毛球事业。由于困难波及各行各业，体育系统特别是专业运动队也面临着大幅裁减的景况。那时，二哥侯伟昌已在湖南羽毛球队服役，但湖南队正面临撤销，就没必要再让他去了。既然侯加昌是广东人，就索性留在广东发展吧。不过，广东羽毛球队

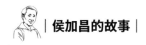

也面临裁撤的危险，侯伟昌只能让弟弟在华补校读书，见一步走一步。

广东羽毛球队的教练徐权芳也是印尼归侨，与侯伟昌有交情，在侯伟昌提出弟弟要进队的要求后，便让侯加昌先去试一下身手。试打的场馆在新建的广州体育馆[①]，是广东羽毛球队的专用训练场。这是一座苏式建筑，刚建成3年，无论是规模还是设施，都可与当时最好的北京体育馆相媲美。看到如此漂亮的建筑，侯加昌惊呆了。进入体育馆内，里面用原木铺设地板，醒目的白色画出四片国际标准羽毛球场，看得侯加昌心花怒放。能在这么好的环境中读书训练，真是做梦都会笑呢！

与他对练的是黄志远、周维健，结果并不太理想，他先赢后输。教练的评价是，技术好、球感好，就是体力太差，不过经过培养是有发展前途的。但羽毛球队的去与留尚未有定论，只能让他每周来几次，跟他们一起训练，等有了结果再作安排。侯加昌心中蒙上一层阴霾，既担心自己因为技术原因不能入选，更担心整个羽毛球运动队撤销之后，自己失去了继续深造的路径。

在训练时，侯加昌遇到同样在等待入队的傅汉洵。傅汉洵也是印尼归侨，其父傅高宾是印尼先达市羽毛球协会的副主席，作为天才少年很早就被印尼羽协主席苏迪曼[②]注意到，并希望重点对他进行培养。但傅父希望儿子回国，就推说儿子已入中国籍，不可能被印尼队接纳。苏迪曼爱惜人才，仍然派了著名的国手李宝灿来辅导傅汉洵和另一名球手黄广汉。之

---

① 该馆位于流花路，由著名建筑师林克明设计，在1957年完工投入使用，是一座典型的苏式建筑。2001年因修建地铁而拆除，现址是锦汉会展中心二期。

② 苏迪曼被称作"印尼羽毛球之父"，在他的提议下，在1989年成功举办了世界羽毛球混合团体锦标赛，其奖杯则命名为"苏迪曼杯"。之后，此杯赛成为国际羽坛又一盛事，与传统的汤姆斯杯、尤伯杯错开年份举办。

后，在傅父的安排下，傅汉洵回到国内，准备继续他的羽毛球事业。

　　傅汉洵比侯加昌大一岁。侯加昌说，傅待他如温暖的大哥一般，他们两人相互激励、共同前进，在广东队相处的那段时光是美好的回忆。而傅汉洵回忆，初见到侯加昌时，他是一个头发乌黑、眉目清秀、有些腼腆的年轻人。由于经历相同，志趣相近，两人很快就成为要好的朋友。

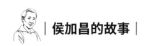

## 2
## 进入羽毛球队

过了六七天，侯加昌听傅汉洵说，广东羽毛球队很有希望保留下来。当时侯加昌将信将疑，但心里很希望这是真的。他们就一直坚持去广州体育馆跟着训练队练球，等待入队的消息。

这样一练就是 2 个月。到了 5 月，当他们在体育馆中训练时，徐权芳教练把侯加昌和傅汉洵叫过来，拍拍他俩的肩膀，对他们这段时间的表现表示满意，然后说："我宣布一个好消息，广东羽毛球队保住了，你们可以加入了。"

侯加昌悬着的心终于放下，高兴地拍起手来。他回到华补校，赶快写信告诉印尼的父母，自己前期的付出终于结出了成果。

后来侯加昌才知道，能够将广东羽毛球保留下来，是全队上下共同努力的结果。广东羽毛球队的队员都是归侨，为了保留编制，联名上书领导，表达了希望留在队中的愿望。就在侯加昌回国的时候，广东队到上海参加全国邀请赛，运动员们个个奋勇，力压强手，获得了 1 个冠军、3 个亚军的好成绩，让整个广东体育系统都对羽毛球队刮目相看。与此同时，领导也考虑到，广东是侨乡，担负着联系华侨的重任，而体育正是联系的最好纽带。羽毛球队中清一色都是归侨，这在其他队伍中不多见，正是对外开展体育交流的最好载体。在综合衡量各方面的利害关系之后，上级同意保留广东羽毛球队，并继续补充新生力量进队训练。这样，侯加昌、傅汉洵才得以顺利进入队中训练。

接着，侯加昌便收拾行李进驻运动队。

运动队所在的广东省体育训练基地设在二沙岛一处幽静的园林。这里的前身是广东著名民族工商家梁培基①集资兴建的"颐养园"②，是为社会名流人士提供服务的疗养性医院。园内有假山鱼池、亭台水榭，一座座典雅建筑掩映绿树间，环境十分优美。梁培基先生赤诚爱国，他的几个子女都积极投身于抗日救国运动。由于医院特殊的地理位置与主人的身份背景，抗战期间，颐养园一度成为中共地下秘密活动点，地下党组织利用颐养园这个安全庇护所开展了许多革命活动。中华人民共和国成立后，这里被改建为广州体育学院，并作为广东省体育训练基地，也是中国体育代表团的集训基地。这里培养出我国第一个世界纪录创造者陈镜开、我国第一个世界冠军容国团等体育人才。

侯加昌就是在这样的环境中开始他的运动生涯。

侯加昌记得，当时去二沙岛要坐摆渡的轮船，渡轮不像海轮那样摇晃，平稳地在江中缓缓行驶，侯加昌吹着和暖的江风，感到无比兴奋，他终于如愿成为一名正式的羽毛球运动员了！

进入广东省体育训练基地，首先映入侯加昌眼帘的是一大丛黄金间碧竹，茂盛而优雅，颇有情趣。走在大道上，整个训练基地树木繁密、鸟语花香，就像一个大公园。与普通公园最大的区别是，在绿树掩映的运动场上有许多身穿清一色运动服训练的青年学生。运动员宿舍是一排黄色的平

---

① 梁培基，广东顺德人，民国时期著名民族工商家，是名医、华南著名制药商，自清末便开始从事医疗和医学教育。早年毕业于外国教会在中国开办的第一所西医学校——博济医院南华医学堂。另外发起创办光华医社、光华医学院，并创建汽水厂、民众烟草公司等企业。

② 颐养园兴建于20世纪20年代，除了作为医院使用，还曾做过中共地下党的秘密联络点。

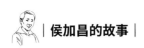 

房，体育系统的运动员都集中在这里住宿，按运动队编排宿舍。侯加昌被安排在羽毛球队的宿舍，开启了他生命旅程中全新的一页。

**3**

# 归侨支援

　　可能会有读者提出疑问，一个刚刚高中毕业的学生，为什么就这么顺利进入一个省的专业运动队呢？是不是凭借侯加昌的二哥帮着"走后门"？各位千万不要产生误解，这里有必要介绍一下当时中国的羽毛球发展情况。

　　中国的羽毛球运动起步较晚，在 20 世纪初才从欧美国家传入中国国内的一些大城市，但只限于将其作为社交活动，未作为竞技体育发展。到 30 年代，逐步在高校中流行起来，并出现社团、埠际之间的比赛交往①。1938 年，林启武教授率先在燕京大学开设羽毛球课程②。在羽毛球运动开展比较好的上海，则在 40 年代成立了羽毛球协会，并举办了全市性的羽毛球比赛③。在 1948 年，国民党当局举办的第七届全运会上，将羽毛球运动列为表演项目，羽毛球强国马来西亚派出华侨代表参赛。

　　中华人民共和国成立后，国家加大对体育运动的投入力度，在 1953 年举办了一次全国性的羽毛球比赛，共有 5 个单位、19 名运动员参赛，其举办的规模可能还不及现时一个社区办的比赛。此时，中国羽毛球的水平

---

　　① 据《中国羽毛球运动史》介绍，1932 年在北平市举行了社团之间的羽毛球赛事，有青光、清华、西绅、燕京 4 支队伍参加。后来，北平与天津又进行了埠际比赛，由青光队前往天津，与当地的西商队、青年会队比赛。

　　② 梁英明.誉满羽坛 功载史册——献身羽毛球事业的归侨陈福寿及其伙伴们［M］.香港：香港社会科学出版社有限公司，2008.

　　③ 在 1946 年举办了第一届"市长杯"羽毛球比赛。

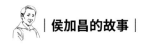

仍然远远落后于世界先进水平。

同年，印尼华侨体育观摩团一行 50 人回国参加篮球、排球、网球和羽毛球四项运动会。王文教、陈福寿等看到新中国的羽毛球水平非常落后，羽毛球运动员往往还要兼任网球运动员，与他们交手，几乎难以得分。当时，他们本来想马上留下来，无奈他们这个观光团办了集体签证，如果他一人不回，就会连累其他团友。观摩团回到印尼之后，王文教与陈福寿想方设法冲破重重阻力，终于如愿回国效力。

据说，当时王文教已与一名女子订下终身，因为此次回国，连婚约都毁了。而陈福寿的父亲已去世，年迈的母亲舍不得儿子远行，他做了大量工作才得到家人的支持。回国时，为了避免引起公众注意，两人的护照没有使用印尼人熟知的闽南方言发音姓名拼写，而使用普通话发音。同时，他们还与当地的华文报纸商定，待他们坐船离开雅加达后，才将其回国的消息发布出去。

此时，陆续有大批的印尼华侨归国，其中有不少懂得羽毛球技术，也加入推广羽毛球的行列。

王文教、陈福寿、黄世明、施宁安 4 人组成了首批中国羽毛球集训队，开展专业训练。与此同时，还经常到基层表演、辅导，推广羽毛球运动。在这批运动员的带动下，全国的羽毛球运动水平得到显著提升，特别是王文教等所在的福建队，更是冠军强队。

之后，随着华侨优秀运动员的不断回归，以及国内训练水平的提升，羽毛球运动水平逐年提高。1956 年，印尼羽毛球代表团一行 10 人来华访问，其间在北京、上海、广州等地进行了 50 场比赛，印尼胜了 44 场，中国仅胜了 6 场。但到了 1957 年，中国羽毛球队回访印尼，此次访问共进行了 45 场比赛，中国队胜了 30 场，其水平有了明显提高。同年，在莫斯科举办第七届世界青年联欢节，主办方邀请中国羽毛球队前往表演并比赛，中国队一举夺得三项冠军[①]，大大振奋了中国羽毛球界。但是，这两场比赛都不是正式的大型比赛，一些世界顶尖强手并未参赛，或是未有全力投入，此时的中国队仍然不能说是世界强队。

在侯加昌回国前夕举行的全国羽毛球邀请赛，全国仍然只有几支专业队伍，以福建、广东、上海为主要强队。而此时广东队的人才也较为缺乏，亟须从归国的华侨群体中发现种子选手，将其培养为羽毛球队员。

正是在这样的背景之下，侯加昌经过考试和几个月的训练，顺利成为广东羽毛球队的一员。

---

[①] 陈福寿夺得男子单打冠军，王文教、陈福寿组合夺得男子双打冠军，陈福寿还与苏联女运动员合作夺得混双冠军。这是中国羽毛球队第一次参加较大型的国际比赛。

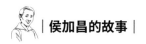

# 温暖的家

对侯加昌来说，广东羽毛球队是一个温暖的家。在这个家，一待就是12年，度过了美好的青春年华。

广东队的男队员有方凯祥、黄鸿平、周维建、徐权亨、蔡志华、詹裕梅、傅汉洵；女队员有梁小牧、曾秀英、林斯卿、吴秀凤。这些队员都是从海外回国的华侨。侯加昌与傅汉洵在1960年5月同时入队，是这个集体的新成员。

从后面的成绩看，这个宿舍真是人才济济，侯加昌与方凯祥、黄鸿平、傅汉洵并称作"四大金刚"，再加个徐权亨就称作"五虎将"，他们在国内和国际的大赛上都夺得了非常亮眼的成绩。而且，相当部分人员后来都成为广东羽毛球界的教练员，为广东培养了非常多的优秀人才，成为广东羽毛球运动史上不可磨灭的一笔。

侯加昌和傅汉洵一到来，马上受到老队员的热情款待，帮他们布置床铺，帮他们适应环境，一下子就驱散了侯加昌心中的局促感，很快融入这个温暖的集体。他们性格各异，但都很合得来，既友爱共处，又你追我赶，充满着年轻的朝气。

队长黄志远，就是入队考核时与侯加昌对打的那位运动员。黄志远就像一个老大哥，时时处处在队员中起带头作用，颇受人尊敬，常常为侯加昌解决生活上的小问题。多年以后，黄志远将他多年的训练经验写成书出版，侯加昌为该书写序，序言中说："我今天在羽毛球事业上有所成就，与黄志远教练对我的帮助是分不开的。"① 当时，侯加昌在任国家羽毛球队副总教练之职，能作出这样的评价，是对黄志远非常高的肯定。

侯加昌到来的时候，正值国家遇上三年经济困难，普通百姓都要限量供应粮食，不少人因为粮食短缺而患上营养性水肿，一双腿都浮肿了，用大拇指一压就凹下去，很久都不能恢复。专业运动队也如华补校一样，受到国家的照顾，保证了粮食供应，其饭菜则较华补校好一点，除了有白米饭吃，还有几片薄薄的肉片。但这些都是"双蒸饭"②，吃下去并不饱肚。特别是对于每天进行大运动量的队员来说，更是只算吃个半饱。

有人打听到附近有个华侨糖厂，榨糖剩下的甘蔗渣磨成粉可以当饭吃，运动队马上派人去要。去到才知道，这些原来没人要的甘蔗渣早已成了抢手货，好不容易抢了一些回来，还差点儿跟农民打起来，之后再也不敢去要了。

在训练之余，运动员、教练员只能开荒种菜，增加一点食物供应，但也远远不能满足大家的需求。

后来，经过上级协调，附近的公社答应向羽毛球队供应一些蔬菜，每周派人蹬三轮车跑上十几公里去买青菜。如果遇到雨天，泥泞的道路还会使运输更加吃力，一不小心还会摔得人仰车翻。运菜回来，还要继续参加训练。队长黄志远为了给队员们节省体力和时间，就抢着承担这项工作。女队员看在眼里，往往会拨出一定的饭量，凑成一份给这些运菜的男队

---

① 黄志远.羽毛球技术与战术［M］.广州：广东科技出版社，1991.

② 所谓双蒸饭，就是在饭蒸好后，再加大火让蒸气冲泡饭粒，使其包含更多的水分，这是当时专门研发的一种煮饭方式，缓解粮食不足的困难。

员补充营养。这样的生活虽然非常困难，但队里总是洋溢着互助互爱的氛围，成为队员们毕业后难忘的回忆。

幸好归国运动员在国外都有几个亲戚，他们写信给国外亲戚，请求亲戚们多邮寄些食物回来。这种现象在当时的广东非常普遍，人们称之为"南风窗"。一旦哪个队员收到一个"南风窗"寄来的包裹，就会慷慨地拿出来与大家分享。有了"南风窗"的帮助，队员们常常能够加餐。每到此时，队里就像过节一样快乐。还有的运动员变卖了从国外带回来的物品，用有限的钱买一些高级饼来增加营养。所谓"高级饼"，放到现在也就是普通饼干，只能起到一点充饥作用。幸好有这样那样的帮助，使羽毛球队较其他运动队多了一份物资保障。

即使是这样，运动员们仍然难以应付高强度的运动训练，只能在医生的建议下，将运动量减下来，多练一些体力消耗较少的技术动作，如吊球、勾球、发球等。后来，他们常常感慨地说，他们是饿着肚子冲击世界冠军。

除了日常的训练之外，运动队还到工厂、农村接受工农兵再教育。这样的教育一点也不比训练舒服。

曾有一次到广州郊区的龙归镇接受教育，男队员们承担了一项不寻常的任务——把有机肥料①从十几公里外的地方运回来。在运输途中肥料车不慎倾倒在地，队员们为了不浪费这些好不容易才收集回来的肥料，直接用手把肥料掏回车里。

到广州钢铁厂接受再教育，那里的高炉有上千度的温度，工作时每每

---

① 当时化学肥料尚未普及使用，农民都是使用粪便作为有机肥料。

要忍受远高于平时的温度，让侯加昌和队友们感受到工人阶级的辛劳。

虽然这些工作都十分艰苦，但队员们从没有怨言，个个都冲锋在前，从没有哪一个偷懒少干。

正是有了这样深厚的感情，大家无论是训练还是比赛，都会团结一致、互相帮助，整个羽毛球队的成绩也节节上升。侯加昌在这个队中不仅感受到温暖，也由一个稚嫩的业余球员成长为世界级选手。

1964 年，广东羽毛球队与国家乒乓球队、八一射箭队一道，被评为全国体育战线的"三面红旗"标兵运动队。当时，广东体委召开了隆重的千人颁奖大会，时任省长的陈郁同志为队球颁奖，并表扬广东羽毛球队"从国际第三流水平一跃成为世界羽毛球坛第一流水平，为祖国赢得了很大的荣誉"。这种殊荣对每个运动员来说都极为难得，也深深影响着侯加昌的一生。

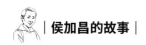 

# 5
# 教练徐权芳

让侯加昌印象深刻的还有羽毛球队教练徐权芳。他祖籍开平，也是印尼华侨，1953年回国，加入广东羽毛球队，并作为主力队员，为广东队立下汗马功劳。之后由于伤病，他退役成为教练，继续为广东羽毛球队服务。他体形健硕，被队员直呼叫"肥佬"。但他有着广东人的开朗随和，对这个称呼并不介意，往往是哈哈笑着回应。

不过，作为教练，他也有严格的一面。对于训练中想打退堂鼓的队员，他从不为所动，就当什么事都没发生，不到完成任务绝不罢休。对于这一点，侯加昌深有体会。

刚进队时，侯加昌对运动队的训练强度并不适应，蛙跳、高抬腿、跳绳、折返跑、长跑，一项接着一项训练，让侯加昌气力不支，连女运动员都比不上。最为可怕的是到越秀山体育场进行长跑训练，徐教练要求男队员1000米必须跑进3分10秒，哪怕超过1秒都要重跑，初次参加训练的侯加昌跑到要蹲在跑道上呕吐。

徐教练之所以如此强调刻苦训练，在于广东队当时的水平与强队福建队有较大的差距，而且福建队有王文教、陈福寿这样经验丰富的教练指导，其技战术更胜一筹。广东队要想与福建队抗衡，就要靠苦练体能、磨炼意志。

面对如此高强度的专业训练，侯加昌身上的横膈膜炎和胫骨骨膜炎旧病复发了。这是之前在球会中没有科学训练落下的病根。开始时，侯加昌还强忍着训练，直到一天早上，他起床刚一沾地，脚痛得使他倒抽一口气。

侯加昌强忍着出操，他指着脚对徐教练说："教练，我的小腿很痛，今天能不能请假？"

徐教练板着脸孔说："跑！一定要跑！"

但接着又补了一句："可以跑慢一点儿。"

侯加昌只有硬着头皮跑，那可是一辈子都忘不了的早练，连泪花都在眼眶中打起转来。他好不容易才熬完那天的训练，到队医进行治疗。

徐教练在印尼时并非羽毛球科班出身，在该国学到的羽毛球技术有限。幸好，他是一个很会动脑子的教练，常常不受原有的教条局限，从其他领域借鉴经验，用作羽毛球动作的改良。

他观看俄罗斯芭蕾舞团表演时，看到那独特的芭蕾舞步，脑中灵光闪动：能不能先用左脚做一小垫步再带动右脚跨步呢？这样就可以提升移动步伐的速度了！这一小小的动作改良，使得全队的步法更加灵活，形成了广东队的快速灵活特点。这一特点使广东队在全国独领风骚，甚至被丹麦、印尼等世界强队所认可。他创造性地提出的"专项性全面身体训练方法"在全国各地的羽毛球队中推广，取得显著的成效。

徐教练还是一个很有艺术细胞的人，他在训练之余会带着大家进行"积极性休息"，休息的方式就是带队员们到旁边的中苏友好大厦①看场电影，到剧场②看表演，什么《雷雨》《茶花女》，都不会错过。有一次巴西

---

① 此建筑后来进行了改建，成为旧广交会的一部分。
② 广州体育馆附近有友谊剧院，在1965年建成，当时很多来广州的剧团都到此演出。

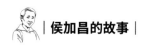 

音乐团体来穗演出，他还派队员去连夜排队买票，可惜买的人太多，最后空手而回。周末，徐权芳会带大家到公园游玩，游玩之余拿起心爱的吉他自弹自唱，那浑厚的歌声颇有几分专业水准。这些歌曲中有不少是印尼民歌，使侯加昌等人缓解了对亲人的思念之情。

第五章

**初试身手**

# 1
# 追赶目标

羽毛球队的作息非常规律，每周除了星期日休息，有 3 天在广州体育馆训练，还有 3 天是半天学习、半天训练。学习的课程除了政治内容之外，还有运动创伤学等与运动相关的内容。

虽然有温暖的大家庭，也有严爱并重的教练，但进入广东羽毛球队之后，侯加昌并未一帆风顺。他遇到的第一只拦路虎是伤病，就是前面提到的横膈膜炎和胫骨骨膜炎。幸好，在训练基地有专门的队医，队医对他的情况对症下药，让他一边治疗一边训练。经过两个月的治疗，终于把病治好。

接下来的第二只拦路虎是技术水平提升。侯加昌虽然自小练习羽毛球，但仍然处于业余水平，且存在体能不足的硬伤。他一到训练场上就傻眼了，原来专业训练的强度如此之大！他尝试与女队的吴秀凤比赛，结果让他大受打击，他竟然连女子运动员也打不过。侯加昌暗暗下定决心：我一定要尽快提升水平，不要给羽毛球队拖后腿。

于是，他为自己制订了一个加强身体素质的计划：提早一小时起床，加练长跑项目；在日常训练之外，加练力量项目。

这样的计划很具挑战性，因为原本的训练强度已经很大，再加上这些额外的训练，并非普通人可以承受。侯加昌在加练的初期，身体反应非常大，从头到脚都酸痛不已。那段时间，每天训练完，全身都像虚脱一样，

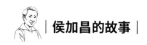

眼前的每一级台阶都是难以跨越的障碍。他只有咬着牙，一级一级地登，每踏上一步，就鼓励自己说：好样的，加油！你离目标又近一步了！

对于很多人来说，如果面对这样的困难，没几天就会打退堂鼓，但侯加昌有一股不肯认输的韧劲，凭着对羽毛球运动的热爱，为中国羽毛球事业奉献的决心，硬是克服了困难。

不过，肌肉疼痛也带来了意外收获，当他上人体解剖学课程时，就通过这些疼痛的记忆，记住各种难记的关节和肌肉名称。

经过一段时间的大运动量训练，身体肌肉适应了，但右上腹横膈膜又痛起来。莫非旧病复发？他找医生进行了全面检查，医生说没有太大问题，只是身体对大运动量的一种调适。侯加昌消除了顾虑，继续按照原定的计划训练下去，并且适当地增加训练量。

经过两个月的训练，侯加昌的体力有了明显进步，比赛后半程不再气力不支。这时，他已经能轻松战胜队里的第三号、第四号种子选手了。

有了这个胜利，更加坚定了侯加昌的信心。

接下来，他瞄准队中的第一号、第二号种子选手——在全国获得单打第三名的方凯祥和上海邀请赛的新科冠军黄鸿平。

方凯祥是当时广东羽毛球队的主力，他比侯加昌年长两岁，也在印尼出生。早在两岁时，父亲就去世了，靠母亲帮人缝衣过活。1959年，他在亲友的帮助下回到祖国，并入读广州体育学院。这一年，他参加第一届全运会，取得男子单打第三名，在国内的羽毛球坛崭露头角。

方凯祥是一个极为刻苦的队员，他针对自己存在的弱项，不断给自己增加训练，每当早训出操时，他都是满头大汗地赶过来——在其他人还在睡梦时，他已经起来训练了。他不仅刻苦，还善于动脑筋，每次比赛都会认真研究对方的球路，在赛后凭着记忆将自己的感受记录下来，分析自己与对手的优势和劣势，为日后的训练作准备。

方凯祥不仅成为侯加昌追赶的目标，还是他学习的对象，他的很多好习惯都是向方凯祥学习来的。

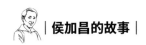

# 2

# 成为种子选手

善于动脑逐渐成为侯加昌的习惯。他开始尝试记住赛场上的比赛细节，在比赛之后尽可能将其复原。当时没有录像机，他就把自己的脑袋变成录像机，一招一式也不轻易放过。

难能可贵的是，他们的思考并不是各自为战，而是经常在一起讨论，毫无保留地交换各自的感觉，提出各自的应对策略。有时在吃饭时讨论，还会用筷子当作羽毛球拍演示。在这样的讨论中，一些原来想不明白的技术和策略难题就会越辩越明，大家都得到提高。在这样的讨论中，侯加昌更是非常投入，以致留下一个让队员们津津乐道的掌故。

有一次，侯加昌刚洗完澡，一边梳头一边与同伴讨论问题。讨论越来越激烈，此时楼下有人喊他。他回来之后忽然想起自己在梳头，往手上一看，梳子去哪里了？侯加昌又是翻床铺，又是钻床底，就是找不到梳子。队友们见侯加昌如此焦急，就问找什么。

侯加昌说："我刚才还在梳头，一下子梳子不见了，你们看到没有？"

听了这话，傅汉洵就说："你对着镜子照照就知道了。"

他对着镜子一照，才发现梳子原来还在头上[1]，队友们哈哈大笑起来。这个笑话一下子在运动队里流传开来，成为大家在那个年代的一段共同记

---

[1] 据侯加昌回忆，当时自己有一头非常浓密的头发，所以梳子可以挂在头上不掉。后来，由于经常用脑，头发变得日渐稀疏。

忆。其实，这个故事也从侧面反映出，当时的侯加昌对研究技术是多么投入，几乎达到忘我的境界。

教练看到侯加昌的进步神速，认为他是可塑之材，便重点指导侯加昌训练。为了加强侯加昌的防守能力，教练安排两个陪练与他对打。

在当时，广东羽毛球队没有专门的陪练，陪练主要由非主力队员承担，牺牲他们的时间精力，让主力队员能够"吃得饱"。多年以后，侯加昌回忆起这段历史，对当时队员们的集体主义精神给予了高度评价。

陪练队员的水平本来就不差，还要两个打一个，其难度相当大。有几次，陪练队员有意从右幅场地打一个大斜线的平高球到侯加昌的正手位置，这种大幅度的变线打法令他感到很难受，即使勉强接到球，也不容易反击，更可能回一个低质量的球，为对方反击创造机会。于是，侯加昌就开始动脑思考，该如何应对这种状况呢？他在想到应对办法的同时，又反向思考——如果在一对一的情况下也使用这种打法，对手同样很难受。于是，他不断尝试在单打的情况下运用这种战术。经过反复练习，终于掌握了一个"杀手锏"，常常在对方不注意时露一手，一击攻破对方防线。

但侯加昌并不满足于这个小小成功，他又继续想，这种手法只能一时奏效，用多了就会引起对方的注意，不灵验了。他注意到，球手往往是根据对方的身形变化预判路球，提前作出应对的准备，如果他的身法具有足够欺骗性，让对方误以为是打反手位时，出其不意来个正手位，这样的成功率就会大幅提高。于是，他又进一步练习，练习使用假动作的技巧。当他终于掌握这种动作的要领时，他的技术水平无形中又提高了一步。

又有一次，他看到别人打平推球，这种打法当时并未受到运动员的重视，使用的机会不多。但侯加昌则不是这样认为，他感觉到这种技术仍

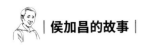

有很大的发展空间。于是在接下来的一段时间中，不断琢磨这种技术的要领。经过一番实践与思考，终于掌握了这种新技术。这样的思考还有很多，有时还导致他失眠。

善于思考总结又善于创造新动作的侯加昌有了越来越丰富的球路，每每能够凭借自己的灵活多变出奇制胜。此时的侯加昌完全沉迷于羽毛球运动的世界中，忘我地训练、思考、总结，为其日后形成快拉、快吊结合突击的打法风格奠定了基础。

到 1960 年的年底，侯加昌进队才 9 个月，其水平已由原来连女队队员都不如，提升到与头号种子方凯祥打个平手了。教练和队员都对侯加昌刮目相看，也纷纷向他取经如何提高训练成绩。

当然，这种刻苦拼搏的训练风格也是全队的共同特点，大家都在自觉地争取时间训练，尽力让自己变得更强，使广东羽毛球队的整体实力稳步提升，成为与福建队并称的国内强队。据傅汉洵回忆，1964 年捷克国家体操队到访广州，羽毛球队的场地被借用进行比赛。整个运动队为了不影响训练，就调整作息时间，从傍晚开始睡觉，到了深夜待体操队撤走，再收拾场地，一直训练到后半夜。

**3**

# 首夺冠军

————————————

正因为侯加昌技术水平大幅提高，就有了更多参加重要比赛的机会。此时，他得到消息，1961 年 7 月即将举行"六省市羽毛球邀请赛"。虽然不是全国性比赛，但这六省市包括了当时羽毛球水平最好的广东省、福建省、上海市，其激烈程度甚至比全国比赛更强；而且，当时中国尚未有羽毛球锦标赛等赛事，这样的赛事就是一次非常重大的比赛。

让侯加昌更加激动的是，被称为"陈友福第二"的汤仙虎也回国了，正在福建队效力。想当年，他参加印尼全国羽毛球赛时，因失误错失与汤仙虎比赛的机会，这次一定要与汤仙虎一较高下。

在这里，不得不简单介绍一下汤仙虎，因为他是后面"汤侯时期"的重要一员，也是中国羽毛球队最重要的运动员之一，退役后也与侯加昌一起共事当过教练员。

汤仙虎与侯加昌是同龄人，祖籍广东花县 ①，但到印尼发展已是第六代，很难再找到在花县的根儿。按他的说法是，不去认祖也罢了。当时广东队很想把这位广东老乡留下来效力，他看了广州体育馆的训练条件也很动心，但由于福建队教练早就从印尼了解到信息，与汤仙虎接触，最终他还是选择去福建队，并成为该队的顶梁柱。

为了准备"六省市羽毛球邀请赛"，广东队上下高度重视，加紧进行

————————————

① 现为广州市花都区。

训练，并在队内进行了出线赛，打赢的才有资格参加比赛。侯加昌毫无悬念获得了参赛资格。

教练组综合考虑六省市选手的实力，认为侯加昌与方凯祥的水平相当，上次在全运会上方凯祥得了第三名，这次能够获得第三名就不错了，于是并没有制定太高的目标，只希望侯加昌能够争取前三名。

侯加昌当然不会因此而放松对自己的要求，更加全身心地投入训练，毕竟，这是他平生第一次参加国内的正式赛事，也是检验他回国以来训练成绩的机会。他为自己定下目标，要对战汤仙虎，并战胜他。

谁也没有想到，这次比赛非常顺利，侯加昌运用他一年来积累的技术成果，让很多对手都不适应，不仅如愿战胜汤仙虎，还战胜热门选手林建成[1]，一举夺得男单比赛冠军！

全国羽坛马上把目光聚焦到这个原本默默无名的选手身上，惊讶于广东队竟然藏着一个如此厉害的"杀手锏"。当时已经退役担任教练的王文教、陈福寿对这颗冉冉升起的新星感到无比高兴，认为以侯加昌的水平，已经可以代表中国参加国际赛事了。

侯加昌非常高兴，艰苦训练换来一个令人满意的成果，他离穿上印有国徽的运动服参加国际比赛的目标已经近在咫尺了。

比赛回来之后，侯加昌去探望刚从印尼回国的朋友张光明、薛从良[2]，他们早就得知侯加昌去参加"六省市羽毛球邀请赛"，与汤仙虎打比赛。见面第一句就问："谁拿了单打冠军啊？"见侯加昌指着自己说冠军是他，

---

[1] 林建成，福建晋江人，印尼归侨，1952年回国读书，1957年进入福建羽毛球队，曾获得多个国内外比赛冠军。

[2] 两人都是羽毛球运动员，回国较于侯加昌晚。其中，张光明与陈玉娘为发小，与陈玉娘配对混合双打，后来两人结为连理。

都感到非常惊讶，他们不敢相信，回国仅一年的侯加昌竟然如脱胎换骨般一举夺冠。当他们看到侯加昌拿出金光闪闪的金牌，都竖起拇指称赞侯加昌前途未可限量。

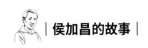 

# 4
# 首胜印尼

早在 1958 年，中国羽毛球界就提出要战胜世界冠军球队的目标。1961 年，贺龙元帅作为国家体委主任，到广东进行春节团拜。在与羽毛球队的领队、教练聊天时，了解到印尼已经两次蝉联汤姆斯杯，而我国广东和福建羽毛球队的主要队员都是印尼归侨，贺龙就对队员们说："我们就定个三年计划，打败印尼队。赢了球，我请客！"

当时，中国羽毛球协会还没加入国际羽联[1]，对外交流的机会不多，与印尼队交手并不容易，但这样的机会终于等来了。

1963 年夏天，印尼国家队受邀来华访问。此时，陆续回国的汤仙虎、侯加昌、陈玉娘、梁小牧等队员已成长为国家队主力，阵容十分强大，人们对这场比赛寄予极高的期望。周恩来总理、贺龙元帅都亲临现场观战。这是侯加昌第一次亲眼看到周总理。但侯加昌心中并不紧张，因为他为这一天足足准备了 3 年，一千个日夜都在加紧训练。

为了这场比赛，国家体委在地方队抽调了王文教、林丰玉、徐权芳组成教练团队，又挑选了傅汉洵、汤仙虎、侯加昌、林建成、方凯祥、黄鸿平、施宁安组成男队，陈家琰、陈丽娟、梁小牧、曾秀英、林小玉、陈玉娘组成女队，这是新中国第一支中国羽毛球队。当时，印尼队不将中国队放在眼内，没有派出最强阵容，只有部分的顶尖选手来华。

---

① 中国羽协没有加入国际羽联的原因见第十二章。

　　此次比赛共打 5 场，分别是 4 场单打、1 场双打。侯加昌被安排在第二个出场，对阵的是印尼的全国冠军翁振祥，他是印尼队内的主力。

　　翁振祥也是华侨，祖籍福建，他刚在印尼的全国羽毛球锦标赛上获得男子单打冠军，并在之后的两届锦标赛上蝉联冠军，他还是 1964 年、1967 年、1970 年、1973 年、1976 年 5 届汤姆斯杯的印尼队主力，为其四夺汤姆斯杯立下汗马功劳。

　　面对这样一个硬骨头，侯加昌并没有惧怕，因为他在之前已反复观看翁振祥的比赛录像，研究他的球路，针对他的弱点制定了快攻战术。经过一番激烈的较量，侯加昌以 2：1 战胜对手。

　　其他中国选手也一鼓作气拿下比赛，中国队最终以 4：1 首次战胜世界强队印尼队。这次胜利提前一年完成了贺龙元帅提出的目标。迎面被打的印尼队不服气，要求第二天再战，赛制则改为三场两胜。这场比赛中，中国队又以 2：0 全胜。

　　在观看中国队的比赛之后，周总理非常高兴，与队员们一一握手，还与侯加昌等主力队员亲切交谈，勉励大家要继续勤学苦练、为国争光。最后与队员们照了合影，这张合影一直被侯加昌珍藏。

　　接着，印尼队又到天津、上海、广州等地打了 4 场比赛。印尼队员到上海一看，又是原来国家队那班队员，不禁问道："怎么又是你们啊？"言下之意，你们中国队就那么几个人，我们不是又要输球了。果然，印尼队在这几场比赛中一场未胜，灰头土脸地回国了。

　　在印尼队与广东队对阵时，还发生了一件趣事。当时的领导考虑到运动员营养不足，就想在比赛前给运动员补补身子，弄来一些人参煲汤，装在休息室的茶杯中，每人一小杯，打算让运动员喝了再比赛。结果，有个

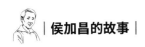 

没有比赛任务的运动员到休息室打扫卫生，就误以为是喝剩的茶水，把参汤通通倒掉，气得领导脸都白了。虽然队员们没喝成参汤，但最终还是打赢了印尼队。

此次较量，检验了中国队的实力，也增强了中国队员向更高目标进发的信心。侯加昌的名字随着比赛的消息，迅速在全国传播开来，成为家喻户晓的羽毛球名将。

第六章

# 新运会之战

# 1
# 备战新运会

在 1963 年下半年，中国羽毛球坛又迎来"新兴力量国家运动会"的考验。这里，有必要介绍一下这个运动会的来历。

1962 年夏，第四届亚洲运动会在印尼举行。当时，苏加诺总统与新中国改善了关系，便以东道主的身份拒绝台湾以"中华民国"名义参加此次运动会，并以宗教原因拒绝以色列参赛。对此，被美国控制的奥林匹克运动会执委会认为这种做法是不合规的，宣布不承认第四届亚洲运动会，次年 2 月又作出"不定期地禁止印度尼西亚参加奥运会"的决议。苏加诺毫不示弱，在 1963 年退出奥运会。为与之抗衡，倡议召开"新兴力量国家运动会"。这一提议得到包括中国、苏联在内的 10 个国家支持。同年 11 月，第一届新兴力量运动会①在雅加达开幕，共有 48 个国家和地区的 2404 名运动员参加这一盛会。

中国派出了成立以来规模最大的体育代表团参加，其中就包括了羽毛球运动队，成员包括侯加昌、汤仙虎、林建成、吴俊盛、张铸成、陈玉娘、梁小牧、陈家琰、陈丽娟、林小玉，教练员包括徐权芳和林丰玉②。可以说，这个运动队把当时国内最顶尖的羽毛球选手都囊括在内。

---

① 该运动会实际上只举行了一届，原来商定第二届在埃及开罗举办，但因为各种政治因素的制约，最终流产。

② 林丰玉，福建泉州人，印尼华侨，曾任雅加达《新报》体育记者，对羽毛球运动比较熟悉。1957 年回国，历任福建队教练、全国羽毛球教练委员会主任、亚洲羽毛球教练委员会主席等职。

让侯加昌记忆犹新的是，当时体育代表团成员每人都配发了运动服，其用料是国家刚研制出来的最新纺织材料"的确良"，由北京市多家服装工厂加班加点赶制而成。当他们穿上这身运动服时，相互打量着，感觉都帅气十足。而运动服上印着鲜艳的国徽图案，更是让侯加昌激动不已，心想：自己回国才三年，就能代表国家参加如此重大的体育盛会，真是非常难得。

由347人组成的中国体育代表团在中南海怀仁堂举行了一场盛大的欢送仪式，周恩来总理、贺龙元帅、陈毅元帅等国家领导人为运动员们饯行。几位领导人都纷纷表示，羽毛球是印尼的国球，要在他们的"虎口"中夺得冠军，他们就要请客。他们的表态让队员们倍感振奋，都暗自鼓劲要尽全力打好比赛。当得知羽毛球队和乒乓球队有几名印尼归侨，周恩来专门接见了他们，详细询问了每个人的姓名和父母情况。

在欢送会上，侯加昌还见到一同参加新运会的女子体操运动员黄薇①，但当时两人只是认识，直到1998年之后才有了深入接触，黄薇成为侯加昌的第二任妻子。

此次去印尼，乘坐的是"光华"号海轮，包括中国和朝鲜两国的运动健儿和表演艺术家。登上海轮的那一刻，侯加昌又想起三年前回国时乘坐"芝加连加"号的情景，真是今非昔比啊！想当年，一个人蜷缩在铺盖上，还因为囊中羞涩，几乎饿死在海轮上；而如今，则是乘坐着自己国家的海轮，以国家主人翁的身份与同船的运动员朋友及其他参加盛会的人员

---

① 黄薇，广东台山人，是20世纪60年代的中国体操运动员，曾获得1962年全国女子全能冠军、平衡木冠军，"文革"期间受到迫害而无法进一步施展运动才华。黄薇之父黄槐坤是广东空军航校第五期空军学员，从军后为抗日立下汗马功劳，中华人民共和国成立后，坚持留在国内，为中华人民共和国的航空事业服务。

交往。侯加昌从心底里感受到国家对他的关怀与重视，更加坚定了要为国家的羽毛球事业奉献终生的决心。

在海上航行的 7 天旅程，运动队一刻都没有耽搁，如常地进行体能训练和技术训练，而四周的海天景色又令他们备感心情舒畅，训练起来更是精神抖擞。除了日常训练之外，业余生活也一点都不枯燥，因为同行的还有不少参加运动会的表演团队，可以抽空观赏他们的排练。比如朝鲜的万景台艺术团，以不同声部演唱朝鲜民歌，非常悦耳动听，队员们听上几次，竟然把旋律也学会了；又如上海杂技团①，他们的功夫也十分了得，随便几下招式都可看出有深厚的功底。真是行行出状元，每一行要深钻下去，都必须下死功夫。

---

① 上海杂技团成立于 1951 年，由旧中国在上海街头表演的艺人组成，是国内最早的杂技团体之一，常常代表中国出访，展示中国的传统文化。

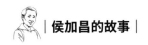 

# 2
# 再见父母

当"光华"号海轮在雅加达停靠的那一刻，侯加昌的心情分外激动。这种激动与同船的其他人不一样，其他人是因为来到一个陌生的地方，而他则回到了出生长大的熟悉地方，而这个地方一眨眼已阔别3年。

他早早就写信告诉父母，自己要在11月回印尼比赛，希望能与家人团聚，他和大哥二哥还带了些中国特产，准备送给父母和弟妹。

侯加昌站在船舷边，只见岸上黑压压地站满了前来欢迎的人，他拼命寻找，希望从中找到自己的亲人。但哪有这么容易，攒动着的人群根本无法辨认。他只得随着代表团坐进大巴车，等到了住处再行联系。

选手村坐落在雅加达的郊外，那里种着侯加昌熟悉的椰子树，飘着淡淡的鸡蛋花香，让侯加昌备感亲切。选手村由一幢幢独立的平房和两层小楼组成，中国羽毛球队就集中住在其中的一幢。

正当侯加昌兴奋地收拾行李时，侯加昌的家人找到了选手村。原来，中国驻印尼大使馆已将中国体育代表团中印尼归侨的家属接到雅加达，为他们提供免费住宿，好让他们与运动员团聚。侯加昌的家人就是这样来到雅加达，并第一时间走进选手村见侯加昌。

侯加昌转头一看，高兴地喊道："爸！妈！"

阔别三年，父母都明显变老了，但脸上难掩高兴的神色。侯父上下打量着这个已经脱胎换骨的儿子，他再也不是那个总是调皮捣蛋的小屁孩了，而是一个准备为国家征战的栋梁，身上西服印着的鲜艳国徽是那样夺目，就如当年带着他看到的中国运动员那样。侯父的笑容中流露出慈爱与自豪，让侯加昌感到那样欣慰。4个弟妹也长高了不少，但此情此景，却显得十分羞怯，躲到母亲的身后，眼巴巴地打量着显得有点陌生的三哥。

侯加昌赶忙拿出千里迢迢带来的中国特产，一一送给父母和弟妹，弟妹一下子兴奋起来，叽叽喳喳地翻看着，又围着三哥问东问西。

侯母更关注儿子的身体，问他的旧病现在如何了，寄去的食物合不合口味。又掏出一堆食物，让他好好收着，补充一下营养。侯母虽然不懂羽毛球，但很理解这项体育项目的意义，看到侯加昌身上的国家队服装，更是为孩子能为国出征感到无比骄傲。她只有用母亲的细腻支持儿子，早几个星期，得知儿子要回来的消息，就准备好给儿子的食品。

相聚的时间总是如此短暂，但此情此景，真是让侯加昌毕生难忘。在往后的日子，由于各种原因，能够与父母见面的机会将越来越少。

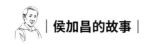

# 3
# 取得成功

入住选手村，羽毛球运动队马上开始备战。

首先是对整个比赛的目标与战术进行讨论。大家认真分析了各个队的实力，以及种子选手的情况，认为中国队有较大优势，完全有可能获得更大成绩，便明确要把男女团体冠军拿下来。

此次比赛分为男子团体、女子团体、男子单打、男子双打、女子单打、女子双打 6 个奖项，先进行团体比赛，再进行单项比赛。

在男子团体比赛中，中国队虽然很轻松地冲进决赛，但在面对东道主印尼队时，因为临场发挥不佳而痛失冠军。

在场上看球的侯父鼓励侯加昌把后面的比赛打好，争取好成绩。侯加昌充满信心地点点头，说：“我一定把球打好，争取为国争光！”

除了侯加昌，中国队的其他队员都暗暗鼓劲，要在接下来的比赛中取得好成绩。

果然，在男子单打比赛中，中国队员发挥出色，侯加昌和汤仙虎双双进入决赛，提前锁定冠军。汤仙虎在场上的发挥更加好，最终获得冠军。侯加昌虽然没有获得冠军，但只要冠军在中国队手中，就没有什么遗憾，他真心地与汤仙虎握手，祝贺他夺得一枚宝贵的金牌。侯父看到儿子的出色表现，衷心地祝贺侯加昌。

在此次运动会上，中国羽毛球代表团取得辉煌的成绩，除了获得女子团体和男子单打冠军之外，还获得男子团体亚军，男子单打第二名，女子单打第二、第三名，男子双打第二、第三名，女子双打第二、第三名的好成绩，向世界充分展示了中国羽毛球的实力。

代表团在参加完新运会之后，又应邀到棉兰、泗水、马吉冷、万隆等地交流，一共进行了6次35场比赛。分别以3：2、5：0两次战胜印尼联队，5：3战胜东爪哇队，4：2战胜中爪哇队，4：2战胜西爪哇队，3：2战胜雅加达队，6场比赛取得全胜。

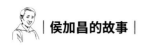

# 4
# 回国路上

让侯加昌备受感动的是，每场比赛都有为数众多的华侨华人前来观战，并自发地为中国队加油鼓劲，使他们虽然身在异乡比赛，但就如主场一样。又有不少华侨华人学生放弃休假，前来新运会当志愿者，为中国代表团服务，让运动员们有宾至如归的感觉，可以全身心地投入紧张的比赛之中。这些华侨学生还非常关心中国国内的情况，当听说国内现在正如火如荼地建设社会主义时，都心驰神往。这些学生中，有不少就以他们为榜样，在完成学业之后纷纷踏上回国的归途，为新中国建设添砖加瓦。

侯加昌在这些华侨的身上看到一种中华民族的力量，这种力量不会因为时空的变化而减弱，更不会因为受到外界力量的阻碍而动摇。正是这种孜孜不倦的执着，让中华民族得以绵延五千年，历尽艰险而弥新。

像中国羽毛球队，从教练员到运动员，12个人全是印尼归侨，此次又在印尼比赛，很多亲友都赶来观赛助威，目睹这支铁军的风采。他们大赞中国的训练水平高，使回国的队员能够脱胎换骨、更上层楼。这些亲朋把目见耳闻的事情告诉他们的朋友，进一步加深了海外华侨对新中国的认识。

在整个访问行程中，唯一让侯加昌感到遗憾的是，他没有时间和机会回到故乡三宝垄，看一看那里的小伙伴，看一看曾经战斗过的地方。这个愿望要等到两年之后参加为纪念亚非会议召开10周年举办的羽毛球邀请赛才得以实现。

中国体育代表团参加新运会，收到很好的宣传效果，进一步激发了华侨支援国内建设的热情。不过，此次运动会之后，也带来一些负面影响。新运会招致国际奥委会及其下属单项组织的反对，国际奥委会全面封杀所有参加新运会的运动员，取消他们参加奥运会的资格，一些单项组织也对参赛国进行了处罚。当时中国羽毛球协会没有加入国际羽联，本来就没有参加这些赛事的资格，禁赛对他们来说也就没有任何意义。

羽毛球队及其他运动队与贺龙元帅一起搭乘专机回国。球队来的时候坐海轮，有充分的时间适应与交流，而回去则乘飞机，减少路途的疲劳，让队员们备感高兴。有不少队员是第一次乘坐飞机，纷纷在飞机上拍照留念。

贺龙元帅虽然被安排在头等舱，但他没有半点架子，待飞机进入平流层之后，就走到代表团中间，与运动员们亲切地交谈起来。贺龙对羽毛球队员在场上的拼劲和取得的成绩给予了充分肯定，要求他们再接再厉，使中国真正成为羽毛球强国。

贺龙关注的不仅是成功者，对一些未能取得好成绩的运动队也给予了关怀与鼓励。他来到田径队郑凤荣①、倪志钦②等人身边，问他们的感受，更鼓励他们在后续的比赛中赛出好成绩。侯加昌看在眼里，更加感受到新中国领导人的亲民，更加坚定自己投身回国的决定无比正确。

侯加昌深深感到，虽然新运会已告一个段落，但未来的路仍然很长，

---

① 郑凤荣，山东济南人，中国女子跳高运动员，曾在1957年的北京田径比赛中打破世界纪录。后来曾任中国田径协会副主席。

② 倪志钦，福建泉州人，中国男子跳高运动员，1962年曾跳出当年世界第二的好成绩，受到贺龙的关注。后来在1965年又跳出当年世界第一的好成绩，距世界纪录只差3厘米。

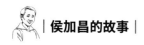 

也很艰辛。机舱外，厚厚的云层把山脉、河流遮盖住，而远方则是蔚蓝一片，与白云相映，显得更明亮。太阳在飞机的另一侧，阳光映到天边，折射出一抹抹金光，孕育着无限的希望。侯加昌注视着这片景象，心情异常舒畅，感觉自己就是一只在天空翱翔的雄鹰，一拍翅膀，便随着长风飞越关山。

第七章

**故乡之行**

# 1

# 刻苦训练

新运会之后，侯加昌和队友们继续艰苦的训练。随着与对手比赛的经验日益丰富，他更加清楚自身的优势与不足。为此，他除了参加训练队的日常训练之外，还不断为自己量身订造专项训练。

比如，他在自己的床前放着一个十几斤重的哑铃，每天早上醒来，以及睡觉之前，都会顺手提起来练几组，平时有空的时候，也要练上几下。这项训练不仅仅是为了增强手臂和手腕的力量，还是为了提升手腕的灵活性。

为了提高扣杀的力度，侯加昌又专门练习扣杀动作，一练就是200多次，直到自己认为满意为止。

侯加昌还养成记笔记的习惯，他会把每天训练的心得体会，以及对羽毛球的新认识都一一记下来并编号。每次与对手比赛后，也会把比赛中大量的动作细节回忆性地记录下来，并分析这些动作的特点、优劣处。有了这些记录之后，再与这一对手比赛，就会重新复习一遍，有针对性地制定新的克敌制胜战术。通过这样的积累，使侯加昌的技术水平日益提升。记笔记的习惯也为他今后走上教练员岗位积累了很多好素材，使他能够尽快地由运动员转变为教练员，指导运动员取得好成绩。

与这种详细的笔记形成鲜明对比的是，他为了节省时间，给侯母的信往往是简之又简，比如：训练紧张，生活很好，请父母保重身体。这样索然无味、颇像电报语体的信，令侯母很是伤心，同时又生出疑窦，加昌在国内到底是怎么了？为什么每次写信都这样简短？

1964 年 7 月，侯母终于忍不住回国探望儿女们。听说母亲回来，侯加昌的大哥二哥和大姐分别从湖南和广东各地赶过来迎接母亲，争取时间与母亲多相处几天。侯母就住在广州华侨大厦①，侯加昌所在的训练基地离此不远，探望是最为方便的，但他也是陪伴得最少的子女。原因是他舍不得在白天的训练时间请假，常常是在训练之后，利用晚上或星期日才来看望母亲。他多次对侯母说，自己现在的目标就是拿世界冠军，而世界强手如云，来不得半点分心，所以他把每天的训练任务都排得满满的，甚至连写信的时间都没有。他还表决心，一旦达成目标，一定给侯母写封长长的信。

侯母看到儿子如此上进，没有过多责怪，只是一味地提醒他，训练归训练，但一定要注意身体，不要把身体拖垮了，这样就失去争夺冠军的本钱了。

侯母为了弥补见面少的遗憾，常常主动到训练基地探望侯加昌，每次都在体育馆中看到他正在满头大汗地训练。

1964 年 8 月的一天，侯加昌为青少年做表演比赛，侯母和大哥、姐姐都来观看。看到儿子矫健的身姿，侯母笑逐颜开，对教练徐权芳说："徐教练，这个孩子以前很瘦弱，又调皮，不爱看书，是几个兄弟姐妹中最让人担心的。现在进了你们运动队，整个人都变了，又积极上进，又努力读书，真是让人高兴！感谢你们的悉心教导啊！"

---

① 这一建筑落成于 1957 年，是当时广州最豪华的酒店之一，专门用于接待回国探亲的华侨，成为不少华侨归国的第一站，留下深刻回忆。后来该建筑因城市更新而被拆除。

　　侯母要回国了，先坐车去深圳，再到香港坐船回印尼。几个孩子早早地陪着侯母去坐车，只有侯加昌不见踪影，大家左等右等，待到发车都不见人来，侯母只得带着遗憾走了。但她知道儿子的追求，并不责怪他的"无情"。侯加昌也知道今天要为侯母送行，但他怕影响训练，只请了半小时的假，结果赶到时，只看到空空如也的候车室。他心里默念着：母亲，请原谅儿子的不孝，待拿到世界冠军，我第一时间向你报喜。

　　多年以后，侯加昌回忆起这些细节，不禁感慨万千，原以为可以常常来往，见到父母之面，但这样的机会其实非常有限，有限到甚至用小时来计算。

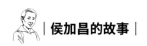

## 2
# 对战陈友福

1964 年 6 月，印尼队在日本举办的第六届汤姆斯杯比赛中，以 5：4 战胜劲旅丹麦队，第三次蝉联冠军，之后顺道到中国访问。中国由于没有加入国际羽联，没有资格参加汤姆斯杯，但以中国的实力，在当时足可以独步羽坛。印尼队希望通过这次比赛，证明自己是真正的冠军，中国队参不参加都不存在问题。

对于中国而言，则可以通过面对冠军球队，锻炼自己的队伍，也能进一步证明自己是"无冕之王"。为此，中国非常重视此次难得的锻炼机会，排出最强阵容对阵印尼。

侯加昌当然也在此次对阵印尼的名单之中，他对于此次比赛相当看重，因为印尼队中有一名他非常崇拜的偶像——陈友福。

陈友福也是印尼华侨，1958 年与队友杨金美、陈景源、李保然等在第四届汤姆斯杯的决赛中，战胜上届冠军马来西亚队，从而开创了印尼统治世界羽坛的局面。1959 年为印尼夺得首个全英羽毛球公开赛男单冠军，之后又帮助印尼队两次蝉联汤姆斯杯。他在印尼国内有非常多的粉丝，包括当时还在印尼读书的侯加昌、汤仙虎等，汤仙虎深受陈友福打法的影响，甚至被称为"陈友福第二"。

但是，自从进入羽坛以来，侯加昌从未有机会与陈友福比赛，这对他来说不得不说是一种遗憾。此次有机会对阵陈友福，侯加昌相当期待。

印尼队首先来到广州，与广东队对垒，侯加昌作为单打选手出战。但此时，陈友福已不参加单打比赛，而是与乌囊配对双打。因此，在这场比赛中，侯加昌只能面对老对手翁振祥。此时的侯加昌更加成熟，他以悬殊的比分轻松战胜翁振祥，并帮助广东以3：2的比分战胜印尼队。

紧接着，印尼队移师北京，准备对阵中国国家队。当时的中国国家队并非常设队伍，只能临时从几个强队中抽人。侯加昌就在这个名单之中。他又奉命前往北京应战。此次，他决心要会一会陈友福，便主动要求与傅汉洵配对，组成双打搭配，对阵陈乌组合。

这次比赛对侯加昌来说，充满了挑战性，首先他要过的是"飞机关"。

侯加昌无论是坐海轮还是飞机，经常会呕吐。这次从广州飞往北京的飞机并非专机，而是一架小型的双螺旋桨飞机。飞机从广州出发，分别在长沙、武汉、郑州停靠，最后到达北京。如此频繁的起飞降落，大大加重了侯加昌的晕机程度。开始呕吐还是胃中的消化物，到最后只能吐黄胆水了。就是这样一直飞一直吐，终于挨到目的地北京。接下来的两天，侯加昌都感到头晕脚软，几乎无法进行正常训练。

就是在这样的状态之下，侯加昌也从未想过要放弃比赛。轮到侯傅组合对战陈乌组合，侯加昌在脑门和鼻孔涂上一层厚厚的清凉油，以提振精神。凭借着平时扎实的训练基础，加上顽强的意志力，这对临时组合竟然战胜对手，让对手在整个访华之旅中尝到唯一一次败仗。侯加昌对此次比赛的印象非常深刻，他隔着羽网观察着陈友福，他的每一个动作，甚至是每一个眼神都清楚地印在他的脑海中。

打完比赛之后，在侯加昌的提议之下，中国方面向印尼队提出请求，请陈友福与侯加昌进行一场单打的表演赛。虽然说是表演，但作为高手过

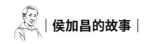
招儿，必然路数尽出。可惜印尼队以陈友福不再参加单打为理由，拒绝了这个请求。之后，侯加昌在整个羽毛球生涯都没有机会再次对阵陈友福，这次比赛成为他唯一一次与偶像交手的经历。

侯加昌虽然战胜自己的偶像，但丝毫没有消减对偶像的崇拜之情。在比赛之后，他非常尊敬地向陈友福致意。在陈友福挂拍之后，侯加昌仍然时时关注这位偶像，对他留在印尼行医、为民请命的事迹 ① 敬佩不已，认为他是一位成功的体育家，也是一个成功的人士。

---

① 陈友福在退役后，先到美国学医，取得执业医师资格。但他没有留在美国，而是回到印尼，为当地人治病。他又以个人影响力，向总统提出有关华人状况的问题，为华人争取权益。

# 3

# 再遇陈友福

1964 年 7 月，为了进一步提高我国的羽毛球水平，国家体委召开第一次全国羽毛球训练工作会议。此次会议明确了以快、狠、准、活的技术风格作为我国羽毛球运动的发展方向，并制定"以我为主，以快为主，以攻为主"的原则。

所谓"快"，就是出手动作快，判断反应快，步法移动快，击球起动快，战术变化快。

所谓"狠"，就是凶狠果断，落点准确，以杀为主，多点进攻，抓住有利时机，一拍解决问题。

所谓"准"，就是能在快速度凶狠与灵活变化中正确地掌握技术，运用自如。

所谓"活"，就是有勇有智，机动灵活，善于适时地变化打法。

在这次训练工作会议之后，全国各省市的训练队围绕这个方向，开展系统的训练工作。这种特色受到世界体育界的关注，不少外媒给予了肯定性评价：

"中国球是基本技术好，打来不可思议地快速准确。"

"中国之强，在于它的速度和力量。"

"当我们下场后不久，只转眼工夫便被他们领先 11∶0 或 12∶0。"

带着这样的训练成果，当年的 11 月，国家再次组织队伍到访印尼。

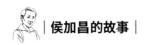 

此次访印再次取得全部比赛的胜利，令外界对这个"无冕之王"更是侧目相看。

1965 年 5 月，印尼为了纪念亚非会议召开 10 周年，举办了一次羽毛球邀请赛，中国受到邀请参加。

此时，印尼国内的排华气氛已经十分浓烈，在同年苏加诺总统被逼下台之后，全国迅速掀起一场性质十分恶劣的"9·30"排华事件。中国因此与印尼断交，之后的二十多年没有国家层面的互访。也就是说，此次访印是中国羽毛球队在与印尼重建外交关系之前最后一次访问活动。这意味着，在印尼出生、长大的侯加昌将有许多年不能回到这片土地。

稍稍值得庆幸的是，这次比赛的地点，除了雅加达，还安排到侯加昌的出生地三宝垄访问，使他终于能如愿回到故乡，看望这里的故友，追昔这里的旧事。这或许是上天对侯加昌一直以来的勤奋表现的奖励吧。

此次受邀访问的队员，除了侯加昌，还有汤仙虎、方凯祥、黄鸿平、陈玉娘、梁小牧、陈丽娟、杨太娟，除了杨太娟，都是印尼归侨。

印尼方面非常重视这次邀请赛，为了增强国家队的实力，特别邀请已经退役的陈友福重披战袍，参加单打比赛角逐。

侯加昌一查比赛安排表，陈友福与他安排在同一个区，这也意味着他有机会在单打比赛中与陈友福一决雌雄。侯加昌更加认真地准备，决心在决赛圈与陈友福相遇。对侯加昌来说，这种较量不在于输赢——从现实情况来说，其时陈友福已过了运动巅峰期，是退役之后重上赛场，而侯加昌则处于运动上升期，这一升一降，使比赛已没有了悬念——侯加昌更加看重的是，在他的运动生涯可以与自己的偶像同台竞技，这是一个运动员最大的荣誉，也是最大的鼓励。

　　可惜的是，刚晋升第二轮比赛，陈友福突然宣布弃权，将晋级权让给另一位印尼年轻选手汪百胜。就这样，一次最有可能与陈友福对战的机会失去了，令侯加昌感到十分遗憾。这是侯加昌最后一次在赛场上遇见陈友福，之后再没有机会了。

　　在此次单打比赛中，由于中国队的实力超群，最终的决赛在汤仙虎与侯加昌之间进行，汤仙虎发挥更佳，夺得冠军，侯加昌屈居亚军。此时，我们已隐隐看到"汤侯时期"的影子了。

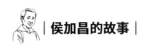 

# 4
# 回到三宝垄

在雅加达比赛完，中国队一行坐飞机前往三宝垄访问。

这虽然不是首次有重要的中国代表团到三宝垄访问，但首次有三宝垄培养的选手位列中国代表团，当地华侨组织非常重视，纷纷出钱出力筹办欢迎活动。

代表团从机场出来，被送进大巴车，由为数众多的小轿车、摩托车簇拥着，浩浩荡荡地朝市区驶去。来到市区之后，又在中心街道巡游一圈，道路两旁的市民无不驻足观看，热闹得像过年一样。三宝垄的市区不大，巡游一圈用不了多少时间，但由于人们拥挤在路旁，大巴车开得很慢，整个过程持续了个把小时。

代表团成员透过车窗欣赏市区的景色，不时还向路旁的市民招手。一向沉默少语的侯加昌变得活跃起来，主动地向队友们介绍，这是什么景点，那又是什么景点，俨然一个资深导游。

代表团被安排在风景如画的别墅区下榻，为了照顾中国的饮食习惯，主办方特意请来中餐厨师，制作了不少地道的中餐菜式。其实对于侯加昌这样土生土长的三宝垄人来说，可能更愿意吃到当地的地道饮食。不过，这样的款待足以说明当地华侨高度重视这次接待活动。华侨组织的安排让代表团上下都非常满意，颇有宾至如归的感觉。

来三宝垄当然要与当地的代表队打比赛，与之对阵的是由中爪哇地区的国手组成的队伍。由于当时三宝垄还没有像样的体育馆，为了举办这次比赛，当地华侨特意在露天篮球场上用竹子搭起一个巨大的棚架看台，可以安排超过三千名观众观看，比当年接待陈友福的活动还要盛大。

当天的看台上，坐满密密麻麻的观众，过道上还站着不少观众，其人数何止三千人？！不过，从安全的角度看，这个竹棚确实危险，幸好是新建，比较扎实，没有出现安全事故，否则后果不堪设想。

但观众可顾不得这么多，都一个劲儿地为比赛喝彩。特别是华侨，他们一直为中国队加油，还不时叫喊着侯加昌、汤仙虎等人的名字。还有侨团打出横幅，欢迎中国队的到来。这个场面根本不像中爪哇联队的主场，更像中国队的主场。

在众多观众中，有一个特别的来客，她是侯加昌的母亲。侯母从未观看过如此大型的比赛，不过，她不是来看比赛的，而是来看儿子的。她换上过年才穿的盛装，与侯父和儿女一道，高高兴兴地来到赛场的专门座位。

侯加昌在赛前就不断地往观众席上观望，寻找母亲的踪影，当他终于看到母亲所在的位置时，用力地往那个方向挥手。那个方向的观众以为他在向自己致意，纷纷报以掌声。他知道，母亲是来看他的，他要好好比赛。此刻的他感到十分激动，一个默默无闻的三宝垄小子竟然能以这样的方式荣归故里，真是太有意义、太荣幸了。他感谢强大的祖国，感谢羽毛球事业，也感谢培养他的教练与父母。他要用自己最佳的竞技状态回报三宝垄的乡亲们。

果然不负众望，中国队不费多少力气就战胜这支中爪哇联队。当地华侨高声地欢呼着，庆祝这个胜利的时刻。中国队在王文教等人的带领下绕

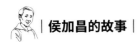

场一周，向在场的观众致谢，华侨们报以热烈的掌声。致谢时，侯加昌的泪水模糊了眼睛，他把手中的花束向观众席掷去，此刻的他只有用这种方式表达对乡亲们的谢意。

打完比赛，代表队考虑到侯加昌的特殊情况，就放了一天假，让他回家探访亲朋。其他队员也因此得以放假，在市区自由活动一天。在侯加昌的印象中，这种放松的感觉是他的比赛生涯中从没有过的，以后也不多见。

# 5
# 探访亲朋

方凯祥、梁小牧等几个广东队的队友与侯加昌十分要好，也与侯加昌一道回家探亲。

听说大名鼎鼎的侯加昌回来，左邻右里的亲朋好友都来了，把原本还算宽敞的家挤得满满当当的。侯加昌的父母可高兴坏了，前前后后地接待来访的亲朋好友，乐得合不拢嘴。弟妹们也忙前忙后，替哥哥接待客人。

除了亲戚，侯加昌那些童年好友全都来了。走的时候刚满 18 岁，大家都是青涩的样子，5 年过去，大家都成熟了。不过，大家的样貌没有多大改变，侯加昌不费气力就认出好友，喊着他们的名字，与他们握手招呼。

大家坐了下来，讲述着这 5 年来各自的境况。令侯加昌惋惜的是，昔日那些球友都因为生计所迫，全放弃了羽毛球。昔日的队长更是显得落寞，坐在一旁不说话。原来他一直打零工，没有稳定的工作，最近再次失业了，他正为家计发愁呢。侯加昌知道这种情况，就上前安慰他。

队长不无感慨地说："加昌啊，你的路走对了！"

此话引起同座人的感慨，大家竟然一时无语。想不到一次本应高兴的聚会，却因为这个话题陷入低潮。有人意识到气氛不对，马上转移话题，谈起昨晚比赛的盛况。侯加昌向那位球友投去感谢的目光，球友则会意地点点头。

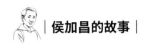

　　侯加昌在接待亲友之余，抽空带着队友们去当年他训练过的球会参观。球会仍在，里面的小孩们在用功地训练。但那个曾被他视为领奖台的小卖部却消失了。原想再次坐在那张小凳子上喝口冰水的侯加昌感到有点失望。此时的他已经不缺那点儿买冰水的钱了，可惜让他心心念念的小卖部却没有了。

　　他笑着对队友说："原来想请你们喝口我儿时的冰水，现在小卖部都没了，只有回去再补了。"

　　但是，其他地方的冰水又怎会与这里的一样呢？探访球会成为此次三宝垄之行一个小小的遗憾。

　　同样让他失望的是家后面那片打球的沙土场地，也已易手他人，准备修房子，父亲和弟、妹要打羽毛球，只能到邻居家的场地了。

　　当天晚上，侯加昌睡在当年的卧室中，卧室的床要比宿舍舒服得多，但侯加昌反而失眠了。他想起队长及众多伙伴的样子，只不过是短短5年时间，世事真是变幻莫测。队长那句"你的路走对了"，更让侯加昌既感幸运，又为大家的遭遇而惋惜。

　　其实，这一切都与当时印尼的排华风潮息息相关，有大批的华人企业倒闭，或缩小经营，这些球友大多在这些企业工作，当然会面临失业的危险了。这些球友的情况正是当时印尼广大华侨的缩影。在中国代表团离去不久，印尼就发生了排华事件，这些球友是否在这次运动中遭遇不测，远在国内的侯加昌已经不得而知了。

　　第二天，侯加昌回到队中，跟队友一起参加与中爪哇联队的联欢会，会场恰恰就设在侯加昌的母校新友中小学。

　　学校中的一切是那样的熟悉，让侯加昌又想起当年背着书包上学的情景。只不过，记忆中高大的校舍和宽敞的操场，现在看来显得低矮狭窄，也变旧了不少。

正当侯加昌向队友介绍他当年的读书情况时，他的班主任走了过来。

侯加昌兴奋而尊敬地叫了声："老师。"

想当年，侯加昌是班上的顽皮学生，一门心思打羽毛球，书读得不好，常被班主任罚站。他想起这些往事，又有点不好意思。班主任用力地握着侯加昌的手，亲切地跟他说话，似乎全然忘记了他当年的调皮行为。他带着侯加昌，一个个教室地参观，说着当年发生的事情。在教室中，侯加昌还见到几个高中时的同学，他们读完大学之后，又回到母校当老师了。

此次故乡之行，给侯加昌留下了深刻的印象，在后来的岁月中时时想起。

第八章

**访问北欧**

# 1
# 遇到伤病

随着三年经济困难时期的过去，国内经济逐渐恢复，人民的口粮得到保证，各运动队的训练恢复正常，运动员的身体素质也逐渐回升。国家开始把更多精力放到发展竞技体育上。此时一个重要的事件是，国家体委邀请日本的著名排球教练大松博文到中国指导。

大松博文的名字可能读者有点陌生，但提到"东洋魔女"，大家就熟悉了。他带领日本女排在 1962 年世界杯排球赛和 1964 年奥运会排球赛中夺得冠军，他的事迹后来还改编拍成电视剧《排球女将》[①]，在 20 世纪 80 年代的中国广为传播。

1965 年，他辞去日本女排教练之职，周总理为了提升中国女排的实力，就邀请他来华指导。大松博文的训练概括起来就是"三从一大"。所谓"三从一大"，就是从难、从严、从实战，大运动量训练。

这一原则不仅深刻地影响着中国女排，为中国女排日后的腾飞奠定基础，同时也影响到其他专业运动队，包括羽毛球队。

由于这种大运动量的训练对运动员的身体素质要求很高，一些运动员在训练过程中就出现了伤病的问题，其中就包括侯加昌。

侯加昌虽然在回国之后着重加强自身的体能训练，但对这种大运动量的训练方法仍然不太适应。在进行训练的过程中，其右膝关节受了较严重

---

[①] 改编后的电视剧隐去了人物的真实姓名，但剧情内容基本忠于现实。

的伤，不得不暂停训练。经过休养之后，他的伤病得到缓解，马上又投入训练之中。

此时，广东羽毛球队的中心工作是备战在9月举行的第二届全运会，并将侯加昌作为一号主力，准备与福建队决一高下，争夺团体和单打项目的冠军。但就在决赛前夕，侯加昌深感伤病未好，难以担起大任，便向教练提出换人的请求。第一届全运会是1959年在北京举行，当时，侯加昌尚在国外，没有机会参加。此次是他第一次参加国内最高规格的运动会，他当然希望能够获得理想的成绩，无奈伤病的困扰使他力不从心。换人之后，广东队痛失团体冠军。在男子单打项目，侯加昌也只获得第三名，连决赛都未能进入①。可以说，这是他在回国之后参加国内大型比赛中成绩最差的一次。

这一成绩让他感到十分彷徨。要是坚持吧，只怕这么严重的伤病会拖了后腿，再打下去也不能取得理想的成绩；要是就此放弃退役吧，心里又有不甘，毕竟自己心中还有很多目标未能实现，给母亲承诺的世界冠军仍遥遥无期。

这样的困惑让侯加昌心情非常低落，不免会流露到日常的训练与生活中。运动队的领导及时发现了这种状况，马上找侯加昌谈心，了解他心中所想。经过一段艰难的思想斗争，侯加昌终于认识到，自己这种退缩软弱的态度，对伤病恢复没有好处，只有积极面对，一边配合医生治疗，一边系统性恢复，才有可能使自己回到巅峰状态。

命运之神还是眷顾侯加昌的，在经过几个月的治疗之后，侯加昌的

---

① 该次比赛的男子团体冠军为福建队，男子单打冠军为汤仙虎。

伤病奇迹般好转，他也逐渐适应了大运动量的负荷，整体的竞技水平恢复到原来的高度。其实，在运气之外，还有侯加昌自身的坚毅意志，正是这样的品质，让侯加昌渡过一个又一个的难关，将自己的运动巅峰期一再延续，直至 37 岁这样的"高龄"，上演了一部羽毛球运动员的传奇故事。当我们回顾侯加昌的奋斗史时，如果忽视了这一点，就难以把握住他的精神内核。

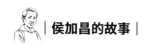

## 2
# 备战丹麦

1965 年 10 月，中国羽毛球队受邀访问北欧诸国，参加在丹麦举行的国际羽毛球邀请赛。

丹麦是欧洲羽毛球的传统强队。这个国家人口不多，只有 500 多万，放到中国，相当于一个中等地级市的人口水平。但这个国家对体育运动相当重视，倡导全民健身运动，是欧洲人均体育设施占有率最高的国家之一，甚至连一个小小的村庄都建有非常漂亮的体育场馆。受限于地理气候环境，以及高纬度昼短夜长的特点，当地人更加喜欢室内运动，羽毛球就成为其中一个重要选择。在丹麦的羽毛球协会注册会员有十余万人之多[1]，相当于每 50 个人就有一个人花费相当时间从事羽毛球运动。正是有这样深厚的群众基础，使该国培养出不少享誉世界的名将，其羽毛球运动成绩一直居于欧洲领先水平，甚至压过发源地英国一头。

中国队虽然取得了令人瞩目的成绩，但一直未有机会与欧洲劲旅交手。因此，印尼队曾放出话来，说中国队对阵亚洲球队还行，一旦对阵身材高大的欧洲球队，就肯定败下阵来。在没有事实证明之前，印尼的这种说法甚嚣尘上，颇具迷惑性。此次北欧之行，特别是对阵丹麦，中国队终于可以用事实证明自己的实力了。

---

[1] 本书查到 2006 年的数据为 12.3 万人，这个数据与 40 年前肯定不一样，但相信也能在一定程度上反映丹麦羽毛球的普及状况。

为此，中国派出一支阵容鼎盛的代表队参赛，其教练员是王文教，队员包括侯加昌、汤仙虎、方凯祥、林建成、吴俊盛、陈玉娘、梁小牧、陈丽娟。

贺龙元帅高度重视此次出访，在前门全聚德烤鸭店设宴为中国队壮行。他对队员们说："这次出访，我们自己出钱，就算是交学费，打输了没关系，但是要把他们的技术特点、打法带回来研究。"看来，大家心里都没底，不知中国羽毛球队能不能载誉而归。

为了适应北欧的环境和气候，代表团提前 10 天出发，先到莫斯科休整 3 天。这 3 天除了抓紧时间训练之外，还到莫斯科红场参观列宁墓，组织学习毛主席著作。通过学习进一步提高了代表团成员的认识，决心排除万难，争取比赛的胜利。

而在北欧那边，人们普遍对中国羽毛球不了解，存在轻敌思想。当中国队刚抵达哥本哈根时，当地的电视主持人就在节目中公然说道："中国人会不会打羽毛球，我们都很怀疑。"在他们的记忆中，中国人仍然停留在留着长辫子的模样。驻丹麦大使柯柏年[①]把这番话告诉队员，使大家感到十分气愤，都憋足了劲，要在赛场上教训教训傲慢的丹麦人。当时的柯大使听在耳中，但心里却没有把握，眼前这几个个子不高、身体也不壮实的小伙儿是否真有把握呢？

这时，丹麦羽协送来消息，要临时改变比赛计划，将原定放在最后的国家队对决提前到首场。其用意很清楚，想借中国队初来，先杀个下马威。中国队并不介意这一花招儿，经过领队与教练的商讨后，大度地同意

---

① 柯柏年，广东潮州人，原名李春蕃，是马克思主义翻译家，早年一直从事革命活动，新中国成立后历任罗马尼亚、丹麦等国大使。

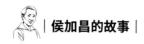

了新计划。

　　本来，有机会来到哥本哈根这个历史名城，代表团可以先行休整一番，到市内的名胜游览，看看著名的美人鱼雕塑和童话家安徒生的故居。但背负着让丹麦人认识中国羽毛球力量的使命，他们半刻也没有耽搁，一到驻地就投入紧张的训练备战之中。

　　丹麦队同在一个场馆练习，但出于对中国队的偏见，他们连看都不看一眼，认为中国队的经验并不值得他们学习。

**3**

# 打败丹麦

比赛马上开始了。整个比赛分两天进行，第一天安排 4 个单项、10 场比赛，分别是男单 4 场、男双 2 场、混双 2 场、女单 2 场，两队各派选手捉对比赛，每场的胜者再参加第二天的决赛。女双之所以不安排比赛，是因为中国队只派来了一对选手，主办方就直接把女双的决赛安排在第二天。

男单的 4 场比赛最受瞩目。按丹麦的要求，两队要将参赛的 4 名选手按实力排序，然后由一方的 1 号选手对另一方的 4 号选手，以此类推。这种打法确实新奇，不知对方是不是学习了中国的田忌赛马办法。按实力来说，中国 4 名选手的排序应该是汤仙虎、侯加昌、方凯祥、吴俊盛。但教练担心吴俊盛对阵对方的头号选手科普斯没有胜算，就将方凯祥的位置与吴俊盛对调，让方凯祥对科普斯。

比赛开始了，男单 4 场比赛在 4 块场地同时展开，出乎丹麦意料的是，大约只过了半小时，4 场比赛就结束了，中国队清一色战胜对手，有些场次甚至是大比分获胜。紧接着的女单、混双、男双比赛，中国队同样全部获胜，令丹麦队及在场观众看得惊讶不已。打完比赛回到大使馆已是次日凌晨 2 点，柯大使和全体使馆人员竟然都在等待着，见到代表团，大使馆内响起一片欢呼声。

到了第二天决赛，除了一场女双决赛仍有丹麦队的身影之外，其余的

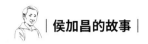

丹麦队员都只能乖乖坐在冷板凳上看中国队比赛。但这场女双的决赛，陈玉娘、梁小牧组合也没给丹麦队留面子，一口气把全英锦标赛的女双冠军打败。一天下来，中国取得全部5项冠军和4项亚军，剩下一个女双亚军给丹麦，算是给主办方留了那么一点点的面子。

这下可让傲慢的丹麦人难堪了，尤其是丹麦名将，曾七次夺得全英锦标赛冠军的科普斯，竟然以2∶0的比分败给方凯祥。但他仍然坚持认为，中国队的技术并不好，只是速度够快，制约了他的技术发挥。笔者想，他一定没听过中国武林有一句颠扑不破的名言：天下武功，唯快不破。连速度都不去追求，又谈何运动的水平？不过，科普斯的看法在当时的欧洲颇具代表性，他们的球风更倾向于优雅，认为这才是羽毛球的本质。

这里有段小插曲。最后一场是男双决赛，由林建成、吴俊盛对阵汤仙虎、侯加昌。第一局，林吴组合先胜一局。第二局，汤侯组合在14∶7领先时，对方猛杀一球，球飞过侯加昌的头顶，汤仙虎挥拍打回去。恰在此时，侯加昌回头看，球不幸击中他的左眼，比赛暂停下来。侯加昌稍作休息之后，在眼睛仍然很痛的情况下，坚持上场继续比赛。他的顽强拼搏精神博得了全场观众的掌声。最终，汤侯组合以1∶2输掉比赛，获得亚军。之后，侯加昌因为眼伤，未能出战后面的所有比赛。经过此次之后，中国运动员得出一个经验，在比赛时要注意用耳朵听身后的动静，不可随意回头。

接着，中国队又飞到奥尔胡斯比赛。这次对阵科普斯的是汤仙虎，其下场就更加难看了，两场下来，科普斯以5∶15、0∶15输掉比赛，也就是说，整场比赛他仅仅获得了可怜的5分。

科普斯只能给自己找台阶下，说："丹麦羽协不应该在整个运动队处于低谷的情况下请中国队来访，我们根本没在状态之中，更谈不上比赛了。"言下之意就是"天亡我也，非战之罪也"[①]。

还有选手表示："10 月不是我们竞技状态最好的时刻，4 月对我们是最佳时节。希望中国明年春天邀请我们到贵国再进行一次比赛。"不知道科普斯听到这个队友如此不知趣，也不知天高地厚的接话会作何感想？

相比起来，奥尔胡斯的比赛场馆就更有自知之明，自此一役便挂起汤仙虎击球的大幅照片，将他作为后来者学习的榜样，据说一挂就挂了十多年。

后来，有人将 1963 年在北京的中印之战、1963 年新运会之战、1965 年的印尼邀请赛和此次北欧巡访之战称作奠定中国是"无冕之王"的四大战役。只可惜，在这短暂的辉煌之后，中国羽毛球瞬间转入低谷，在一段时间内绝迹于世界羽坛。

---

[①] 语出《史记·项羽本纪》，是项羽在兵败乌江时所说，意为"这是老天要灭亡我，并不是我不会用兵打仗"。

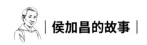

# 4
# 再胜丹麦

这两次比赛，令丹麦全国上下对中国队的看法有了翻天覆地的改变，各大报纸都以显著版面报道中国队的比赛情况。一家报纸这样写道："中国运动员精彩的表演，犹如节日的礼花，令人眼花缭乱，目不暇接。"另一家就尖锐得多了："丹麦选手打得非常出色，可惜他们每次都比中国运动员慢了半步。"

不仅仅是丹麦的报纸，甚至是西方世界的媒体都对中国羽毛球队刮目相看，给出了非常高的评价。

英国羽毛球协会机关刊物《羽毛球公报》说："中国人简直是打得太好了，不是我们能够相比的，而且我本人认为，欧洲是否还有单打选手能把他们打败，是非常令人怀疑的。"

美国《基督教科学箴言报》说："羽毛球方面的行家曾经公开说，尽管中国人拿筷子甚至拿乒乓球拍可能是得天独厚的，但是他们在许多年内还决不能把羽毛球拍挥舞出国际功勋来。但是现在居然入侵到丹麦和瑞典来了，这是一次直捣黄龙的挑战。"

接下来，中国队来到瑞典比赛，这次也毫无悬念地获得全胜。

当地报纸对中国队给予了非常高的评价："中国羽毛球队第一次在欧洲露面，就表现出了它在国际羽坛的领先地位。中国选手以快速有力的攻球完全战胜了丹麦的羽毛球明星。""中国人很快登上了顶峰，现在他们也许是世界上最好的羽毛球选手。"

此次北欧之行令举国振奋，在代表团回国之后，贺龙元帅亲自接见了全队队员，并请大家吃饭。

在席间，贺龙称赞运动员说："你们打得不错，为祖国争得了荣誉。第一条是政治挂了帅，脑子里有祖国、有人民、有党和毛主席。第二条是流了汗水、用了脑子。"

当教练员提到，丹麦的运动员对打输了很不服气，贺龙笑着说："这个我在报纸上看到了。我们可以邀请丹麦队来中国再打几场。你们要赢球还要赢心，让对方口服心也服。丹麦队来华的费用，我们承担。"

他又指示，全国各个训练队要苦练一百天，不仅是国家队要赢，二线、三线甚至地方队都要赢。听到此话，场上爆发出阵阵的掌声，大家也都摩拳擦掌，准备再会丹麦。

顺带提一下，就在侯加昌积极备战丹麦时，他的弟弟侯宏昌也回国了。侯宏昌刚满 16 岁，但已长到 1.76 米，技术手法也特别好，是一个可造之材。在哥哥的推荐下，他顺利加入广东队，一直留在队中服役。

1966 年 4 月，丹麦队如约来访。之前夸下海口的科普斯没有来，个中原因不太清楚，估计是不敢再面对中国队员凌厉的攻势，让自己这个全英锦标赛冠军如楚霸王一样，无颜见江东父老。丹麦的主力是 1964 年的全英锦标赛单打冠军尼尔森，他的态度就比较谦虚，说是来中国学习。此时，侯加昌的伤病已经养好，中国方面安排了他对阵尼尔森。结果，侯加昌不出意料地取得胜利，其中一局更是以 15：0 的大比分胜出。另外几个选手也都有 15：0 的战绩。

接下来，丹麦队又到各地比赛，均被打得一败涂地。据统计，丹麦队

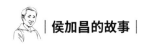

共进行了 8 次 40 场比赛，结果是中国方面取得 33 场胜利，对方仅获得 7 场胜利。其中，国家一队是十战十胜，国家二队是 9：1，上海、湖北、福建、广东四队也取得全胜。

这次丹麦队访华，终于让全世界都认识到中国羽毛球的实力。消息传到外界，外国媒体纷纷赞誉中国队是"冠军中的冠军""无冕之王"。自此之后，国际羽坛一致公认中国队是"无冕之王"，印尼队再没有什么借口认为中国队的水平不够全面，只能与亚洲队较量了。

第九章

**重回羽场**

# 1
# 重回羽场

1966 年的 11 月，在柬埔寨西哈努克亲王的发起下，金边举行第一届亚洲新兴力量运动会[①]。由于此次运动会由中国协助举办，中国在国内局势动荡的情况下，仍然派出包括羽毛球队在内的体育代表团参加，并取得了羽毛球项目的全部冠军。但是，侯加昌回到广州之后，发现原来熟悉的城市变了个样，运动队的日常训练被迫停止。到 1968 年，广州市体育系统被下放到南海县[②]，安置在泌冲一个由劳改农场改建而成的干校中。

这一时期，侯加昌内心虽然充满困惑，但他仍然带着弟弟宏昌等人坚持在田间小道上跑步锻炼。侯宏昌在哥哥的鼓励之下，也振作起精神，努力提升自己的水平，为着有一天能重回赛场。

一次偶然的机会，侯加昌在广播中听到一条体育消息，说印尼出了一个名叫梁海量的羽毛球选手，年纪轻轻就夺得全英锦标赛的单打冠军。听到这样的消息，侯加昌真是恍如隔世，几年前，自己还与世界最顶尖的选手较量，而此时，竟然不知道任何有关国际羽坛的动态。他在想，这个梁海量到底是什么打法？自己与他较量，战胜的成数到底有多大呢？

后来又从《参考消息》中得知，印尼队再一次夺得汤姆斯杯。侯加昌想，如果中国队能够参加杯赛，是否能把印尼队挑下马来？但转念一想，

---

① 同时期在泰国曼谷举办第五届亚运会，第一届亚洲新兴力量运动会有明显的与之抗衡意味。
② 现为南海区，属佛山市管辖。

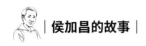

自己还在这个荒凉的干校劳动，又如何有机会施展才华呢？

此时，很多对羽毛球有着执着追求的队友，都像侯加昌一样万心焦虑，急的不是个人的得失，而是国家的羽毛球事业。为此，王文教、陈福寿、杨人燧①、林建成等都纷纷上书中央，恳请中央关怀一下来之不易的有利形势，不要让中国错失了发展的机会。

后来，队里不知哪个人想了个办法，说是为当地农民表演羽毛球，在获得同意之后，就在一片空地上修整了一片沙土场地，简单画上界线，就成为一个羽毛球场。侯加昌仿佛回到童年，在那里与儿时的玩伴一起打羽毛球，还有那只用铁皮再次接起来的羽毛球拍。当地农民从来没见过羽毛球，也没看过羽毛球比赛，队员们的高超技艺让他们大开眼界，原来这个看似简单的器械还能表演得如魔术般神奇。

侯宏昌不太理解，就问哥哥："现在都这样了，天天不是劳动就是学习，连正规的场地都没有了，还需要做这些训练表演吗？"

侯加昌坚定地说："会有机会的，我们一定要保持状态，不要机会来了，自己的体能却跟不上了。"

侯宏昌点点头，但眼中充满疑惑的神情；侯加昌的眼神是那样的坚定，仿佛这个机会就是明天。

机会终于来了！

在1971年初，侯加昌带着队友在越野跑训练途中，听到一个激动人心的消息：朝鲜羽毛球队来华访问，广东羽毛球队要调回广州进行训练，准备迎战朝鲜。听到这个消息，大伙都激动地欢呼着，从1968年到现在整整三年，终于看到了希望，又可以重回球场，重新拿起羽毛球拍了！

① 杨人燧，印尼归侨，福建羽毛球运动员，曾获全国羽毛球比赛男子双打冠军，后担任福建羽毛球男队教练。

　　回到广东训练基地，荒废了几年，这里一片疮痍，训练器械不翼而飞。队员们并没有泄气，马上动起手，收拾场地，先把羽毛球场清理出来，尽快开展训练。侯加昌踩在熟悉的地板上，心里无比踏实，心想：只要允许训练，希望就不会破灭，羽毛球事业就不会没有前途。

　　与广东羽毛球队一同集训的还有国家足球队，他们从北京来，消息更加灵通。他们私下对侯加昌说：可能会成立国家羽毛球队。

　　侯加昌眼中闪着光亮，追问道：“真的吗？”

　　足球队员摇摇头，再一次强调说：“可能。我们也不清楚。”

　　即使是这样不确切的消息，也让大家兴奋不已，消息在羽毛球队中不胫而走，纷纷讨论着这种可能性到底有多大。

　　侯加昌他们急切地等待着消息的确认，训练起来更加卖力，像要把荒废掉的三年给补回来。

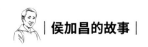 

**2**

# 加拿大之旅

1971 年 9 月的一天，侯加昌、方凯祥等人收到通知，要他们移师杭州集训。

好消息一个接一个地到来。在杭州集训时，侯加昌又接到上级的通知，说加拿大羽毛球协会邀请他与汤仙虎二人前去加拿大参加巡回比赛表演。真是太难以令人置信了！自己虽然已在羽坛有些名气，但从来没有跟加拿大的同行交流过，他们竟然点名要他与汤仙虎去交流，而国家又同意了这一邀请。在那个年代，这种机会实在是比金子还宝贵。

11 月，由领队、翻译和侯加昌、汤仙虎组成的中国羽毛球访问团来到加拿大，参加巡回比赛表演。他们在一个月内，跑了 19 个城市，一共打了 17 场比赛。

让侯加昌记忆犹新的是，第一站他们来到加拿大的主要港口温哥华①，加拿大的全国冠亚军都来了。一开始，由侯加昌、汤仙虎对阵加拿大的冠亚军选手，一场下来，发现差距实在太大了，加拿大方面基本难以得分。为了不让比赛过于难看，加拿大羽协灵机一动，临时提出建议，请侯加昌与汤仙虎分别与加拿大的选手配对，进行一场中加联队的表

---

① 温哥华除了是加拿大西部的政治、文化、旅游和交通中心，也由于邻近太平洋，是华人聚居最多的加拿大城市，加拿大方面邀请中国队来访先到温哥华，应该也有这方面的考虑，希望能够拉近与中国的关系。

演比赛。这样的组合正好符合此行要增进两国友谊的目的，中国领队当即同意这个建议。由于这样一个改变，使表演赛变得更加好看，观众们也没有了希望谁赢谁输的心理影响，而是全身心地欣赏运动员们的精湛技术。

之后，主办方又请侯加昌与汤仙虎进行单打表演比赛。虽然只是表演比赛，侯加昌与汤仙虎都十分认真地对待，其精湛的球技博得在场观众的阵阵喝彩声，也获得了加拿大对手的尊敬。比赛结束时，纷纷过来与侯加昌和汤仙虎握手，甚至要求交换球服。

又有一站，因为飞机误点，场上的观众已经座无虚席地坐等精彩比赛。得知情况之后，侯加昌与汤仙虎主动要求主办方直接赶往体育馆，为观众们奉上一场精彩的羽毛球表演赛。直到晚上比完赛，两人才有时间坐下来吃饭。

对于侯加昌与汤仙虎的精彩表现，加拿大羽协给予高度评价：中国运动员的精湛球技，其敬业精神也令人敬佩。

在隔绝与外界交流的情况下，听到国际同行的高度评价，侯加昌心中有底了。

访问途中，汤仙虎因为水土不服，得了急病，医生建议，要好好休息，最好不要进行剧烈运动。

这本来是一件平常的事情，但由于当时的中国与世隔绝，给外人以神秘的感觉，一有什么异常的情况，就会引来各种奇怪的猜测。于是外界便有传言说，这是汤仙虎遭人暗害的结果。

得知谣传后，领队感到事关重大，搞不好会把好好的体育比赛变成外交事件。于是，他马上向中国驻加拿大大使馆请示。大使馆经过研究决

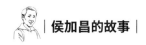 

定，让汤仙虎带病上场，与侯加昌一起打一场双打比赛，而其他的单打比赛则全由侯加昌完成。汤仙虎虽然有病在身，但对这一要求二话不说就答应了。

当时，访问团根据个人的历史成绩，将汤仙虎作为头号选手，而侯加昌则是二号选手。侯加昌对这一安排并无异议，总是把自己放在二号的位置，甚至对头号选手汤仙虎还有点依赖思想。这样一个安排，使侯加昌重新认识自己，积极地担负起比赛任务。这次意外插曲，对侯加昌来说，不能说不是一次思想上的转折。

在巡回比赛之余，访问团也顺带参观了加拿大的城乡风貌。所到之处都令侯加昌耳目一新，乡村静谧祥和，走到哪里都是那样的整洁。如此舒适的生活确实令侯加昌惊讶连连、羡慕不已。但是，羡慕归羡慕，他可从没想过要留在异国他乡，他的心一直记挂着祖国，记挂着羽毛球事业，即使到他退役、退居二线，甚至退休，都是如此。

在参观行程中，主办方自然会安排参观一些著名的风景名胜点，在众多景点中，最令侯加昌印象深刻的是尼亚加拉大瀑布。

尼亚加拉大瀑布位于加拿大安大略省和美国纽约州的交界处，在近 2 公里的河面上，急促的水流以每小时 30 多公里的速度跌宕而下，在落差 15 米的河面上形成巨大的"水墙"。此时此刻，那轰隆隆的水声震撼着侯加昌的灵魂，使他感到大自然的伟力、个人的渺小。几年来所受的委屈已经不再重要，往事像这瀑布一样倾泻到水底，随着水流向前冲去，没有一丝一毫的犹豫。

侯加昌顿时感到，自己就好比是这汹涌水流中的一滴小水珠，只有争着向前，才能在水面上弹起漂亮的水花。他暗暗下定决心，他要奋起直追，把失去的时间补回来，再次登上羽毛球坛的顶峰！

这次参观尼亚加拉大瀑布的经历成为侯加昌的加拿大之行最大的收获，后来他时时会提起观看大瀑布的感受，让其妻子张明珠也向往不已。

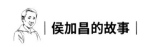 

# 重回国家队

从加拿大回国后，侯加昌接到梅县亲人的信息，说他的祖母病危，希望他能回去见一面。他马不停蹄地赶往老家。

梅县离广州 400 多公里，即使现在开车走高速公路，也要花上半天时间。而在当年，不少路面连柏油路都没有，只有高低不平的黄泥路，汽车行驶中，铺天盖地的黄土扑面而来，其行程更是艰辛。特别是那辆老掉牙的公共汽车，车壳还是用木头制造的，在路上一直颠簸着，比起坐海轮好不到哪里去。侯加昌坐了八九个小时才到达目的地，此时的他就如散了架的泥人。

祖母居住的是一座白墙灰瓦的客家<sup>①</sup> 传统围龙屋<sup>②</sup>，当年父亲出洋前也是在此长大。他在阴暗的屋中见到了祖母，她躺在床上，已经奄奄一息。她抚摸着这个没见过几面的孙子，依稀中看到当年儿子的影子。侯加昌拿出刚从加拿大获得的纪念奖牌给老人家看，老人家用粗糙的手摸着奖牌的金属面，仿佛看到孙子在赛场上的矫健身姿，虽然她并不懂羽毛球为何物。她吃力地微笑着。

祖母去世了，家中按照客家的风俗办理丧事。此时的广东正是最为严寒的 1 月，在寒风中，侯加昌代表侯父在祖母的坟前叩了头，又写信把这

---

① 梅县是客家人重要的聚居地，侯加昌也是客家人。
② 又称"围拢屋"，是客家典型的建筑样式，具有防卫安全的作用。

个噩耗告诉远在印尼的父亲。

正在悲痛中，侯加昌接到一封邮递员送来的电报。侯加昌心里打鼓，又是什么事，要如此紧急地通知他？

打开电报一看，原来国家羽毛球队成立了，要他马上动身到北京报到。这真是喜从天降，一扫笼罩在侯加昌心中的阴霾。

原来之前这个消息千真万确！后来侯加昌才知道，在刚过去的1971年4月，因为一次偶然的机会，中国与美国进行了一次巧妙的"乒乓外交"①，为1972年中美建交奠定了基础。之后，高层就非常重视体育方面的对外交往，这就需要尽快恢复"文革"以来停顿的专业运动队训练机制。周恩来总理说："我们羽毛球队的同志大部分是归国华侨，他们是有功的。要让他们赶快回来训练。"于是，亲自点名将王文教、陈福寿调回来，批准由王文教与陈福寿重新组建国家羽毛球队。此时，王文教、陈福寿已被调回北京，担任国家队教练，他们正在点将组建全新的国家羽毛球队，侯加昌就是他们的点将之一。

侯加昌赶忙回广州收拾行李，办理人员调动的手续。与他一同调动的还有年轻队员庾耀东，他们与队员们匆匆道别，一起坐北上的特快列车，向北京方向飞驰。此时，是1972年1月，离他1960年5月加入广东队，已过去整整12年。从此，他离开他生活战斗了12年的广东羽毛球队，到国家队开始新的征程。

在列车上，伴随着轰隆的列车声，侯加昌的心情久久不能平复。12年，

① 1971年4月，在日本名古屋举行的第三十一届世界乒乓球锦标赛上，美国运动员向中国运动员表达了希望到中国访问的愿望。毛泽东主席在获知此消息后，决定正式邀请美国乒乓球代表团访问。美国乒乓球队在结束比赛之后，转道中国访问，受到周恩来总理的接见，从而打开了一道中美民间交往的通道。

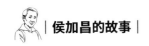

真是转眼的工夫，一幕幕难忘的情景在脑海中浮现：第一次踏上祖国的土地，收到广东羽毛球队的录取通知书，第一次登上冠军的领奖台，第一次穿上印有国徽的队服，第一次战胜世界冠军……

他又想起不久之前，在伸手不见五指的黑夜中拉练行军，崎岖不平的田间小径令他步履艰难，一不小心跌倒在地，把跟腱拉伤了。岁月不饶人啊！此时的他马上就要踏入 30 岁的门槛。对于一个运动员来说，这个年纪已进入运动生涯的晚期，不少运动员会选择就此挂拍。他何曾没想过就此结束自己的运动生涯？但壮志未酬，还有许多事情等着他去实现，又怎能就此放弃？这次进入国家队，既是一次机遇，也将面临许多困难，他侯加昌能否克服这些困难，再次走上人生的巅峰？他又想起不久前在尼亚加拉大瀑布的一幕，那激荡的水声犹在耳边翻腾。是的，人生又有几回搏？在大自然面前，人虽然很渺小，但总要尽自己的力量去拼搏，才能此生无悔。想到这里，侯加昌坚定了信心，这条路，一定要走下去，也一定要走上去！

第十章
## 加入国家队

# 1
# 新老结合

应召而来的队员从四面八方赶到北京报到，组成一支新老结合的国家队。训练队驻扎在红山口训练基地，这里远离市区，正好让队员专心训练。

在男队员中，年纪最大的是吴俊盛。吴俊盛同样是从印尼归国的华侨，比侯加昌年长6岁，在20世纪60年代为中国的羽毛球事业作出了不少贡献。此时的他已是36岁的"老"运动员，但并没有因为年龄大而放弃羽毛球事业，为了发挥以老带新的重任，毅然加入国家队。队中的年轻队员都尊称他为"阿叔"，但他并没有摆出一副老资格的姿态，事事都作表率，与年轻运动一起接受大运动量的训练。

论年龄，接着就是侯加昌与汤仙虎。两人同岁，都已近30岁。但他们的技术全面、经验丰富，每次比赛都起到中流砥柱的作用。他俩不仅要搞好自己的训练，还要时时配合教练指导年轻队员，帮助这些队员尽快提高水平。

还有4个年轻队员加入国家队，他们是庾耀东、陈新辉、周克俭、林墅更。

在几个年轻队员中，侯加昌对庾耀东最为熟悉，因为他同为广东队的队友。他是东莞人，在1966年加入广东队。这个队员身材健壮，有一股不服输的犟劲儿，打得不顺时就会涨红了脸，一声不吭，队友们都叫他

"野牛"。他与侯加昌的弟弟侯宏昌很要好，也被侯加昌视为兄弟。因此，侯加昌无论是在训练中还是生活上都给予他很多帮助。有一次，侯加昌看到庾耀东在抽烟，便批评他，说运动员要注意身体，不要沾染不良嗜好。他对侯加昌是又敬又怕，自此之后就把烟戒了。他凭借着个人努力，在第一届世界羽毛球锦标赛中夺得男子单打冠军。退役之后，庾耀东并没有出国，而是留在广东队当教练，为广东队培养了多名优秀运动员。

陈新辉是一名来自福建的选手。他体力充沛，力量速度都非常突出，使他在赛场上犹如一匹脱缰的野马。因此，队友就给他起了个"野马"的外号。他与汤仙虎是队友，也以汤仙虎为榜样，努力学习他的技术，被教练视为汤仙虎的接班人。可惜的是，还未到施展才华的时候，他却不幸患病，离开了国家队。

于是，国家男队就有了虎（汤仙虎）、猴（侯加昌）、牛（庾耀东）、马（陈新辉），成了一个"动物园"。

而在女队中，则有陈玉娘、梁秋霞、刘晓征、郑惠明、丘玉芳、许慧玲、雷蓉蓉，这些队员也是新老结合。

还要提一下两个年轻球员，一个是侯宏昌，另一个是与侯宏昌一同从印尼回国的梁启徽。以两人的技术水平，完全够资格进入国家队集训。但当时出了条政策，华侨只能占一定比例，在综合考虑各种因素之后，这两个人因为华侨身份都被排除在国家队的大门之外。这一打击令两个青年非常失望，一起去了香港，在香港大力传播羽毛球技术，均夺得过当地的羽毛球公开赛冠军，梁启徽后来还成为香港羽毛球总会的永远荣誉会长[1]。

---

[1] 据侯加昌回忆，梁启徽后来成了一个成功的商人，2004年曾邀请侯加昌去香港，在他的办公室中，挂着当年身穿广东队球衣的黑白照片。

教练员王文教则是整个国家队的灵魂人物。王文教深知现时必须充分发挥侯加昌、汤仙虎的作用，一遇到难题就找两个老队员一起研究训练与比赛计划。通过反复讨论与实践，确定要继承 20 世纪 60 年代的技术风格，突出"以我为主，以攻为主，以快为主"的战术打法。与此同时，又严抓队纪队风，保证队内训练任务的落实与完成，强调艰苦奋斗的精神，培养新老队员的拼搏斗志。经过一段时间的磨合，新组建的国家队便以全新的面貌展现在世人面前。

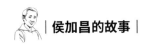

# 2
# 克服伤病

训练是枯燥的，但对于久未开展训练的侯加昌来说，却是尤其值得珍惜，他严格按照教练的要求完成训练任务，同时还给自己加任务。比如在周末，其他队员跑去附近的部队驻地看场电影，而他则经常利用这个时间训练体力消耗较小的网前技术，这对于他来说就是一种不错的调节节目了。

高强度的训练致使侯加昌的旧伤复发，他的膝盖和肘关节常常感到疼痛难忍。此时的他也曾想过是否要退役的问题。与他一同进入广东队的傅汉洵就因伤病，在 1 年前退役[①]。但他经过艰难的思想斗争，决定还是咬着牙坚持下去。

队医在诊治之后，要求侯加昌以负重半蹲、双杠推撑的训练配合治疗。在科学训练和意志坚持之下，侯加昌逐渐适应过来，伤病情况好转，又可以正常训练了。年轻运动员看到侯加昌如此敬业的态度与作风，更加刻苦地进行训练。应该说，王文教以老带新的重组国家队策略是正确的，让新队员不仅可以学习到老队员的技术，更能学习到老队员的顽强拼搏精神，为新时期中国羽毛球队的再次腾飞奠定了坚实基础。

在集训了半年之后，国家体委为纪念毛主席"发展体育运动，增强人民体质"题词 20 周年，举行全国五项球类运动会（足球、篮球、排球、

---

① 傅汉洵在退役之后，与妻子曾秀英一起在广州体育馆体校羽毛球班当教练，培养了很多优秀人才，后被称为"广州羽毛球教父"。

乒乓球、羽毛球），这是"文革"之后第一次全国性球类比赛。侯加昌等人又回到各自的省份，代表各自省份参加比赛。

在这次运动会上，侯加昌参加了男子单打比赛。由于他刻苦训练、科学提高，技术水平恢复得很好。在比赛之前，他认真翻看了之前积累的笔记，思考总结几个重要对手的球路特征，结合自己的实际情况制订详细的作战计划。正是有了这样认真细致的准备，使他在比赛中一路过关斩将，顺利杀入决赛，与汤仙虎对决。在决赛中，侯加昌以顽强的意志与过硬的技术，战胜了对手获得冠军。这个冠军也是侯加昌自 1964 年以来，在正式比赛中首次战胜汤仙虎获得冠军。另外，侯加昌又与汤仙虎配对，一举夺得男子双打冠军，使侯加昌成为本次比赛的"双冠王"。

7 月 1 日，运动会举办了隆重的颁奖仪式，周恩来等国家领导人亲自为获奖者颁奖[①]。侯加昌又一次受到国家领导人的接见。这虽然只是一个全国冠军，却让侯加昌的信心大大增强，更加投入地开展训练。

王文教等教练全程观摩了比赛，他对侯加昌等人的表现十分满意，认为已经回到甚至超过 1966 年之前的水平，有信心在国际比赛中取得胜绩。

不过，当时中国羽坛仍然有不少隐忧。最大的问题是，国家在人才培养上出现断层，年轻队员在相当长的一段时期内，仍然未能接替现有主力运动员的班。所以，一直到 20 世纪 70 年代末，仍然需要侯加昌、汤仙虎这两位老队员撑场。当时的侯加昌并不知道自己任重而道远，只是凭着满腔热血，继续在羽场上驰骋。

---

① 据 1972 年 7 月 2 日《人民日报》报道，国家领导人分别为篮球、排球、足球比赛和乒乓球团体赛前 12 名，羽毛球团体赛前 6 名的代表队代表，以及乒乓球、羽毛球单项比赛的前 2 名运动员颁奖。

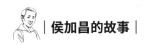 

# 3
# 对战马来西亚

1971 年侯加昌与汤仙虎出访加拿大，是首次与外界的体育交往。在国家队成立后，1972 年出访了尼泊尔、斯里兰卡等国家，同年，又与来访的加拿大、缅甸、朝鲜、马来西亚等国选手切磋。对于中国队来说，前几个选手都是小菜一碟，也难以试出中国队的真正实力，直到与马来西亚队的交流，才算是一次实力的检验①。

马来西亚历来是羽毛球强国，国内非常重视这项运动，涌现了一批批的羽毛球好手。从 1949 年至 1955 年，包揽了前三届的汤姆斯杯冠军，后又在 1967 年重夺第七届冠军（此届比赛在印尼雅加达举行），可谓世界羽坛的"老二"，其实力不容小觑。

此次马来西亚队来访，队中有全英羽毛球锦标赛男单和男双冠军。他们先后在北京、上海、广州与国家队、上海队、福建队、广东队进行了 5 次 24 场友谊赛。在 24 场比赛中，中国队在单打方面赢了 11 场，输了 3 场，而双打方面赢了 4 场，输了 6 场。之所以单打方面有压倒性的优势，关键就在于有侯加昌、汤仙虎这样的中流砥柱压阵。难能可贵的是，年轻运动员也表现出色，就如周克俭②，一举战胜曾获全英锦标赛单打冠军的陈

---

① 当时，中国尚未与马来西亚建交，马来西亚羽毛球队的来访，又是一次羽毛球外交，为两国的交往正常化奠定基础。正是有了这些民间交往，在 1974 年 5 月，两国正式建交。

② 周克俭，湖南人，曾任中国羽毛球队队长，1991 年退役后去马来西亚当教练，2003 年回国担任澳门羽毛球队总教练。

奕芳[①]，证明中国队的年轻球员正在苗壮成长。

在此次比赛中，侯加昌第一次与马来西亚首屈一指的名将古纳兰对阵。古纳兰在 1970 年夺得亚运会男子单打冠军，1971 年夺得全英羽毛球锦标赛男子双打冠军。由于他在马来西亚以及世界羽坛的影响力很大，退役之后曾当选国际羽毛球联合会第一副主席。他虽然输给了侯加昌，但对侯加昌佩服有加，并留下了他的联系方式，经常与他联系。

对于中国队的胜绩，马来西亚方面给予非常肯定的评价。在此次赛后，当古纳兰被记者问到，如果印尼的新科冠军梁海量[②]与侯加昌对决，谁更有胜算时，他判断说："如果要在侯加昌与梁海量之间打赌，我毫不犹豫地赌在侯加昌身上。"古纳兰与梁海量是老对手，在一年之后的全英羽毛球锦标赛上，古纳兰就输给梁海量，痛失冠军，也就是说他对梁海量是非常了解的。正因如此，古纳兰的评价相当准确，而在后面中国队与印尼队的比赛也充分证明这一论断是对的。不过，令侯加昌感到遗憾的是，在他的运动员生涯，自始至终都没有机会与梁海量交手，自然也无从证明他与梁海量之间到底谁更胜一筹。

通过此次比赛，中国队内部信心大增，更加坚定了"以我为主，以攻为主，以快为主"的战术打法。侯加昌在接着几年的比赛中更是光芒四射，开始向着人生第二个高峰进发。

---

① 陈奕芳，马来西亚羽毛球运动员，是队中的主力队员。

② 梁海量，印尼羽毛球运动员，在 20 世纪的六七十年代享誉国际羽坛，列为世界羽毛球史上最强的 10 位男子单打运动员，是一个传奇人物。

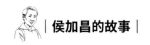

# 4
# 出访欧洲

1973 年，随着国内斗争形势逐渐缓和，羽毛球队的对外交往更加频密。1 月，由孙兰领队，带领中国羽毛球队出访欧洲。此次担当教练员的是陈福寿，运动员包括侯加昌、汤仙虎、方凯祥、陈天祥、周克俭、林墅更、陈玉娘、刘晓征、丘玉芳、雷永勇。

中国队出访的第一站是丹麦，这是中国队在 7 年之后首次访问丹麦。对于普通人来说，7 年可能不算长，很多事情仍然保持着原有面貌。但对于运动来说就不一样，这是一个不断有新人涌现、不断有技术创新的领域，7 年足以让一个国家的体育项目发生翻天覆地的变化。在交战之前，双方都没有什么底，都认真细致地准备，希望能取得胜利。比赛受到外界的高度关注，连印尼羽协主席都专程赶来观战，希望一探中国队的实力。

比赛的结果让各界都大吃一惊，停滞了 5 年之后的中国队仍然以10∶0 的绝对优势大获全胜，欧洲的羽坛霸主竟然毫无还手之力，侯加昌在此次比赛中表现出色，发挥了全队中流砥柱的作用。

被彻底打服的科普斯（就是那个曾放出豪言要与中国队另择日子再战的丹麦选手），这次终于肯说句公道话了："中国运动员打羽毛球实在打得不像人打的。他们一直都在进攻，袭击对方而又丝毫不感到疲倦或乏力，使对方在不知不觉且又在不大吃力的情况下败下阵来。"话语之中虽然仍带着酸溜溜的味道，但确实是中国队在赛场上的真实写照。

当地的《贝林时报》这样评价比赛："中国羽毛球队在这里表演了精彩的世界最高球艺，只要中国不参加，任何（羽毛球）世界冠军都不是那么实在的。"

美联社也评论说："以 10∶0 打败丹麦选手的中国羽毛球代表团使这里的专家们目瞪口呆，深信世界上没有一个能打败'毛'的极好的运动员。"

不过，也有人不以为然，印尼羽协主席在接受记者采访时就表示："我们在任何时候，在任何地方，都能同中国队比赛，并能战胜他们。"

不知道这样的言辞有何依据与底气，或者只是官方层面的虚张声势。听到这番言论，侯加昌和他的队友都十分不平，暗暗决心要找机会与印尼队一决高低，以证明中国队的实力不容小觑。

欧洲之行的第二站是英国①。英国是羽毛球的发源地，该国的全英羽毛球锦标赛从 1899 年就开始举办，每年一届，在世界羽坛具有重大影响力，被公认为非官方的世界羽毛球锦标赛。而世界羽坛高度重视的汤姆斯杯、尤伯杯均源自英国人的倡议，并以英国著名运动员的名字命名。因此，这里常常集中了全世界的羽毛球高手比赛，是名副其实的羽毛球之都。

英国羽协对中国此次访问相当重视，整个行程由羽协主席和夫人一路陪同。中国队与英国球队进行了 10 次比赛，共计 31 场，其中赢了 24 场，输了 7 场，并取得全部 10 次比赛的胜利，被外界称为"十战十捷"。由于是在"羽毛球之都"比赛，其影响非常轰动。英国的报纸称，中国羽毛球横扫欧洲，中国队无疑是世界上最强的球队，无冕之王雄风依旧，可谓溢

---

① 英国是较早承认中华人民共和国的西方国家之一，但一直都与台湾有交往，中英两国处于"半建交"的状态，直到 1972 年才真正建立大使级的外交关系。中国羽毛球队此次访问具有加深两国交往的意图。

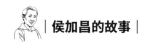

美之词不绝于耳。而马来西亚方面也充分肯定中国队"快、狠、准、活"的独特风格，认为已跃入世界先进水平。

欧洲之行，让侯加昌和他的队友再次坚信，只要继续打下去，必将把"无冕之王"变成真正王者。侯加昌更给自己定下一个对阵外国选手的规矩，对阵强的选手的目标是努力战胜，每局不能让他拿到8~10分；对阵一般选手，每局不能让他拿到5分。

**5**

# 羽毛球外交

中国羽毛球的外事比赛一场接着一场，1973 年的 8 月，又到日本访问。

日本男队当时的水平仍然处于第二梯队，但女队却是顶尖水平，连续三届蝉联尤伯杯。在此次日本之行中，两国对阵了 56 场，中国胜了 44 场，日本胜了 12 场。

侯加昌等人的技术水平给日本国家队男队教练远井稔男留下深刻的印象，他评价说："中国运动员不断跳跃扣杀的那种弹跳力毫不困难地救起和回击最大限度的角球的那种柔韧力以及手腕上的功夫，都足以证明他们是经过艰苦训练的。"

紧接着的 9 月，中国羽毛球队出访马来西亚。

此时，中国与马来西亚尚未建交，马来西亚球王庄友明向中国羽毛球队发出来马比赛的邀请，马来西亚政府对此没有干预，批准了这次访问，但提出严格的安保要求。庄友明为此作了很多努力。首先，他安排中国羽毛球队入住由其家族经营的中路文华酒店，并加强酒店的安保工作。其次，是对中国羽毛球队的通勤车辆进行严格的安保检查，确保成员的绝对安全。

中国羽毛球队到访，引起马来西亚民众的轰动，特别是当地华侨，更是竞相购买表演赛门票，连主办者庄友明也要自己掏钱买票。观众都希望在球场上一睹汤仙虎、侯加昌的风采与球技。

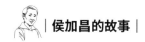

这次出访非常成功，中国队先后到吉隆坡、槟城等处访问，与马来西亚球队打了 17 次比赛，胜了 23 场，输了 7 场。

再次与侯加昌对阵的古纳兰在赛后不得不感叹说："当我上场后不久，转眼便被他们领先了 11：0 或 12：0。"语气中颇带着几分无奈。而早已挂拍的庄友明则感慨自己错失与汤、侯同台竞技的机会。

这次访问成为另外一次"乒乓外交"，促成中马关系的解冻。第二年（1974 年）5 月，马来西亚首相阿都·拉萨①赴中国与毛泽东主席及周恩来总理会面，建立邦交关系。

---

① 阿都·拉萨，1970 年至 1976 年出任第二任马来西亚首相，1976 年 1 月死于任上。

# 6
# 聚会香港

在 1973 年的最后一个月，中国队迎来了该队自恢复训练以来的最重大赛事——香港国际羽毛球邀请赛。

这里先要介绍一下这次赛事的主办方——香港羽毛球总会，以及其背后的支持者——爱国商人霍英东[①]。

1934 年，在英国主导下成立国际羽联，初始成员大部分是英联邦国家和地区，由于香港是英联邦成员，在英国的带动下，香港也在同一年成立香港羽毛球总会，并加入国际羽联。当时它只是一个并不显眼的民间体育组织，羽毛球运动的开展也并不出色，常常由于战乱原因而停顿。

到 20 世纪 60 年代，爱国人士汤恩佳[②]入主香港羽毛球总会，自此改组了总会的人员架构，引入很多爱国人士，并积极开展羽毛球运动。

之后，霍英东也加入香港羽毛球总会，对中国羽毛球运动走向世界发挥了不可磨灭的贡献。当时，霍英东看到中国羽毛球事业发展得很好，但一直被排斥在国际羽联之外，不能参加最有影响力的赛事，为此，他开始着手帮助中国羽毛球重回国际大家庭。

要实现这一目标，当然先要有一个平台推介中国，让世界认识中国。

---

[①] 霍英东，广东番禺人，是知名实业家、著名爱国人士、杰出社会活动家，为中国体育走向世界作出巨大贡献，在他逝世时享受了国葬待遇。

[②] 汤恩佳，广东佛山人，香港孔教学院院长、著名的儒学文化名人。他还涉足体育，担任亚洲羽毛球总会永远名誉会长。

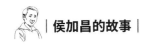

为此，在香港羽毛球总会的全力支持下，举办了香港国际羽毛球邀请赛。这次邀请赛可谓规模盛大，应邀参加比赛的有中国、日本、泰国、马来西亚、菲律宾、新加坡、丹麦、瑞典、联邦德国以及中国香港，除了印尼和英国之外，当时几乎所有的世界强队都参加了此次比赛。之所以有如此多的国家和地区参加比赛，霍英东在背后做了大量的工作。

这次比赛与别的比赛不同，整个比赛不设名次，每场比赛只赛两局，充分体现了"友谊第一、比赛第二"的理念。主办方还给予每支队伍可观的"出场费"，让运动员们皆大欢喜。之所以有这样的设计，其背后就是为了提供一个平台，让世界各国与中国充分认识，增进友谊，其用心可谓良苦。在此次比赛中，中国队自然是胜多输少，但这个并不重要，重要的是有了这个平台之后，很多从未交过手的同行有了认识中国队的机会，为日后重返国际羽坛奠定了基础。

更为难得的是，霍英东特意在其位于半山区的豪宅中设宴，款待参赛的运动员、教练员和官员。在宴会上，中国与世界各国的同行亲切交流，增进了双方的友谊。此次交往给侯加昌留下非常深刻的印象，对霍英东的爱国举动敬佩有加。霍英东也非常赏识侯加昌，鼓励他要继续努力，争取夺得世界冠军。

第十一章

**妻子张明珠**

# 1

# 大龄青年

1973 年，是侯加昌生命中非常重要的一年。这一年，他与张明珠结为连理。

在当时的运动队中，有一条铁一般的纪律，不允许运动员过早谈恋爱，以免影响运动成绩。

1961 年，侯加昌参加"六省市羽毛球邀请赛"获得冠军，马上就接到一封来信，是一位少女的表白情书，想跟他交往。

接到信之后，侯加昌吓了一跳，本能地对自己说：现在不能谈恋爱。但如何处理这件事呢？如果不回复，又怕她误会，继续写信来；如果回复，又怕因为措辞不当而伤害了她。侯加昌思前想后，就想到了他的大哥，向大哥求助。大哥在了解清楚事情的缘由之后，决定由自己出面以家长的身份回信，向女孩解释侯加昌现在不能谈恋爱的缘由，并请她谅解。

到了侯加昌再次入选国家队时，他已是年逾 30 岁的大龄青年，父母的来信中也隐隐地提出这样的催促。看来，成家立业确实需要提上议程了。不过，由于侯加昌的特殊身份，这个对象还真不好找。以事业为重的侯加昌一心扑在训练上，也没有时间去多想个人的事情。

直到半年之后，一位热心的朋友给侯加昌介绍了一位女青年。几次交往之后，双方都觉得还合适，正要继续交往下去时，侯加昌想到一个问题：这位女青年会不会又像上一个女朋友一样，存在家庭成分问题，或

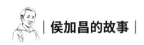 

其他的问题呢？为了保险起见，也为了双方的幸福，还是要先了解清楚为好。

于是，侯加昌便主动向组织提出请求，希望了解一下这位女青年的情况。组织对侯加昌的请求非常重视，马上联系对方单位了解情况。正如侯加昌所担心的，确实存在一些问题，侯加昌只好回绝了对方。

又有一次，朋友给侯加昌介绍了一位芭蕾舞演员，也是归侨身份，双方情投意合，看着一段恋情就要开始了。就在此时，这事传到总教练耳中，他找侯加昌说，这位芭蕾舞演员的家庭也存在问题，要他慎重考虑。侯加昌经过痛苦的抉择后，再一次割断情丝，不再与这位芭蕾舞演员交往。

十多年后，侯加昌在一次归侨集会上，遇到一个熟人。在聊天时，这个熟人说起这位芭蕾舞演员，说她已经出国了，现在仍然是一个人生活。对此，侯加昌感到十分内疚。

# 2
# 认识明珠

1973 年的春节，其他队友都回家过年了，几个归侨选手不能回国与家人团聚，就索性留在北京过年。一天，几人相约到乒乓球队的林慧卿[1]家拜年。正在聊天之际，进来一位与侯加昌年龄相仿的女青年。侯加昌觉得此人有点面熟，但一时想不起是谁。

她对侯加昌这些客人说："我伯父让我代表他给你们拜个年。"

侯加昌一下想起来了。几个月前，网球队的高宏谋[2]曾带他去拜访教育家张国基[3]先生。在张先生的家中，侯加昌见到了这个梳着两根大辫子的清秀姑娘。她是张先生的侄女张明珠，她给侯加昌端上茶水后，就退出去，没再见面了。

张明珠与林慧卿是好朋友，碰巧当天也来林家拜年，就遇见了侯加昌。两人互相介绍之后，竟然发现，原来两人都是印尼归侨，都是在 1960 年 3 月坐"芝加连加"号海轮回到国内。但当时海轮上人很多，没有机缘认识。想不到在 13 年后，竟然以这种方式认识。这层关系一下子把两人

---

① 林慧卿，广东新会人，印尼归侨，中国乒乓球运动员，曾在第 28 届世界乒乓球锦标赛上助力国家队夺得团体冠军，与郑敏之配合夺得女子双打冠军，被誉为中国第一代削球女王。

② 高宏谋，印尼归侨，网球运动员，曾获印尼的全国网球冠军。回国后效力于北京队，后入选国家队。

③ 张国基，湖南益阳人，印尼归侨，1918 年加入毛泽东发起的新民学会，之后前往印尼从事华侨教育工作，其间曾回国支持中国革命。新中国成立后，回国继续从事教育事业。侯加昌与他见面时，他担任北京燕京华侨大学董事长，在 1978 年恢复侨联活动之后，担任北京侨联名誉主席、全国侨联主席等职务。

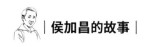 

的关系拉近了，两人有更多的话题，也聊得非常投契。在座的人看在眼里，自然非常高兴，就想办法撮合这次姻缘。

过了几天，林慧卿递给侯加昌两张票，说："这是明天在首都体育馆的乒乓球赛门票，你约明珠一起来看吧。"

侯加昌自然心领神会，赶忙谢过她。

张明珠并不是一个体育爱好者，对球类运动可以说是一窍不通。侯加昌心中担心，张明珠会不会拒绝这次邀请。想不到，张明珠非常爽快地答应了。就这样，羽毛球运动员侯加昌借着乒乓球赛事约上张明珠，开始了两人的恋爱。看来人们常说的"乒羽不分家"，果然是有原因的。

## 3
# 与明珠交往

张明珠是北师大附中的英语老师，侯加昌便向她提出补习英语的请求，学些会话口语，好在国际比赛中使用。张明珠自然乐意当这个老师，就约定每个星期日休息时到张国基先生家补习。

张明珠教起英语还真认真，不仅布置课后作业，还要在下节课检查测验。侯加昌当然要认真对待，在训练之余抽时间读英语单词。于是，在运动员的宿舍中，响起了侯加昌的英语朗读声，引来同宿舍队友的好奇。

通过一段时间的交往，侯加昌对张明珠有了更进一步的了解。她出生在印尼雅加达，父亲是一所中学的教师。作为独女，父母对她自然是钟爱有加，就以"明珠"来为她命名。17岁时，仍在读高中二年级的张明珠受到同学的影响，要回祖国效力。父母不同意女儿的要求，但难违她的执意，只好勉强同意，但只允许去一年。于是父母给她办了印尼护照，好让她可以随时回到印尼①。

张明珠与侯加昌一样，到了广州之后，就进入广州华侨学生中等补习学校读书。不同的是，侯加昌已到了高考年龄，并凭借特长很快就考进广州体育学院，并进入广东羽毛球队，而张明珠则在学校读高二。在学校中，张明珠被学校充满友爱的集体生活吸引住了，爱上国内的生活。

---

① 由此可见，张明珠在很长一段时间里，是以华人身份回国的，与侯加昌等持中国国籍以华侨身份回国不一样。

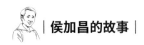

　　一年之后，父母写信催女儿回印尼。但张明珠却推说等她高中毕业。待到张明珠参加高考，考上了国内大学，她又跟父母说，等她大学毕业了再回国。就这样，她的父母等了一年又一年，始终未能等到女儿回来的消息。此时，中印两国交恶，张明珠就再没有机会回印尼了。幸好，张明珠有个伯父在国内，就是后来的全国侨联主席张国基先生，时时给予张明珠照顾，有这个伯父在，让她的父母稍稍心安。

　　张明珠大学毕业时，由于当时国内的教师奇缺，张明珠所在的班级（非师范）全部分配到学校工作，张明珠开始了教师生涯。

　　在大学期间，张明珠认识了一位大学同学，对方也是归侨，因为共同的爱好而走到一起，并互许终身。张明珠的未婚夫在大学毕业那年，应征入伍到广东潮汕地区当兵。那一年，当地爆发了特大洪水，冲决河堤，将两岸的房屋田地吞没。她的未婚夫所在部队接到指令，马上前往抗洪。这些战士手挽着手，组成一道血肉长城，抵挡着洪水前进。但是，一个洪峰迎面扑过来，将这些战士淹没。

　　当张明珠收到一张"烈士通知书"时，才知道未婚夫的死讯。那一刻，她顿时感到晴天霹雳、悲痛欲绝。之后，虽然用时间抚平了伤口，但怀着对未婚夫的爱，她拒绝了一个又一个的追求者。直到遇见侯加昌，她才解开冰封的心，与他尝试交往。

　　侯加昌还了解到，张明珠是一位对自己严格要求的人。由于深受伯父张国基先生的影响，在三年困难时期，她的生活虽然也非常困难，但从未用过"归侨特殊供应证"。用她的话说：母亲正处于困难时期，当儿女的又怎能再提出各种各样的要求呢？作为儿女，就应该尽力为父母分忧，才能显示赤子的爱国之情。

两人经过一段时间的交往，决定结为连理。

两人分别写信告知自己的父母，征求他们的意见。双方的家长在了解到对方的情况之后，都非常赞同，侯父还特意从三宝垄跑去雅加达①，以中国传统的方式向张明珠的父母提亲。而张国基先生知道两人的决定之后，更是大力支持，为他们准备婚事。

---

① 按路程算，三宝垄离雅加达有 400 多公里的路程，开车要用 8~10 小时，坐飞机则要用 1 个多小时，侯父专程去雅加达提亲，可见其诚意满满。

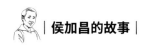

# 4

# 婚后生活

1973 年的秋天，侯加昌与张明珠结婚了。组织上安排了一间 16 平方米的新房，就在训练基地的旁边，方便侯加昌的生活与训练。

那年头，由于物资匮乏，一般人没有什么隆重的结婚仪式，只有非常简单的聚会。侯加昌和张明珠的父母都不在身边，就约上几个好友来到新房，摆上一杯清茶、几颗喜糖，大家聚在一起向新人祝福，仪式就算完结。在当代人眼中，这种简朴近乎寒酸，但他们在清贫的物质之外，却有着真挚的爱情。倒是在婚后去马来西亚比赛时，与侯加昌惺惺相惜的古纳兰听说侯加昌新婚，送了一只当地的手工锡盘作为贺礼，礼品不算贵重，却让侯加昌夫妇深深感动于其情谊。

由于侯加昌是现役运动员，即使是结婚成家，也要在运动队中过集体生活，只有到星期六晚上才可以请假回家[①]。对于侯加昌来说，能够回到温馨的小家，是多么幸福的事情！在平时，训练时都能看到几百米之外的小家，但总是可望而不可即。每每到了星期日晚上，要回训练队报到时，侯加昌更是感到恋恋不舍。

有一个星期六晚上，当侯加昌忙完训练赶回家时，发现家中很安静，张明珠正躺在床上沉沉睡着。侯加昌摸了一下张明珠的额头，发现正发着高烧，吓得马上推醒她。

---

① 当时实行单休日，只有星期日一天休息，星期六是周末。

原来，张明珠在三天前就已经病倒，同事们赶紧把她送到医院。医生一检验，她的蛋白指数显示 4 个 "+" 号，诊断为急性肾炎。医生开了药，要求她请假休息。同事们送她回家，要打电话告知侯加昌。

但张明珠赶忙阻止了，说："我不要紧的，休息一下就好了。千万不要影响加昌的训练，下个月他还要出国比赛呢。"

就这样，张明珠硬是自己在家躺了三天，直到侯加昌回家才知道此事。侯加昌对此又是埋怨又是感动。幸好，经过几天的休息，张明珠的病情渐渐好转，没有留下病根，才让侯加昌稍稍安心。

自此，侯加昌就一再嘱咐张明珠，不管家中有什么事，都要第一时间告知他，不要怕耽误了训练。

1974 年冬天的一个晚上，天空正飘着雪花，北风呼呼地刮着。王文教突然喊侯加昌下楼，说有人找他。侯加昌先是心里一惊，怕是出什么事了。但见王文教脸上没有半点紧张的表情，反而堆着笑容，心中又安稳下来，心里充满了疑惑：这么冷的天，有谁会半夜来找人啊？

来到楼下一看，原来是妻子张明珠正笑盈盈地站在门厅等他。

张明珠见到侯加昌，便把手中的篮子递过来，轻柔地说："我杀了只鸡，做了碗党参鸡汤，给你送来了。"

此时，张明珠已经怀孕 5 个月，肚子越来越凸，走路也有点不便，但她仍然在深夜送来炖汤。此刻，侯加昌喝着汤水，心中无比暖和，也无比甜蜜。侯加昌望着妻子远去的背影，发呆了一会儿才反应过来，赶忙向着门外喊道："小心路滑啊！"

事后，侯加昌问妻子："你平时很胆小，怎么就敢杀鸡？"

张明珠嘟着嘴说："是啊，真的很怕啊，都不敢下手了。但想着要给你

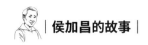 

补补身子，把心一横就下手了。下次再杀鸡，我就有经验了。"

侯加昌听后，对妻子又怜又爱，轻轻地把她搂在怀里。

直到 1979 年退役，侯加昌才离开集体宿舍，过起了真正的家庭生活。这期间，家里的事都由张明珠一手操办，为这个家庭付出诸多辛劳。侯加昌对此非常感激，也非常内疚。无奈，在家庭与事业之间，他只好把后者放在首位。而作为家人，则为他牺牲了很多，正如《十五的月亮》中唱道：军功章啊有你的一半，也有我的一半。

第十二章

## 加入亚洲羽联

# 1

# 亚运村见闻

1973 年 12 月举行的香港国际羽毛球邀请赛，让中国队与世界各国有了广泛的交流，产生极好的效果。但是，印尼队并没有参加比赛，不免有点遗憾。

在霍英东的大力推动下，1974 年 5 月又在泰国举办曼谷国际羽毛球表演赛，主办方更力邀印尼队来参赛。这次比赛延续了香港国际羽毛球邀请赛的赛制，不计名次，每场只打两局。中国非常重视这次比赛，派出了侯加昌、汤仙虎、陈玉娘、梁秋霞等选手参加。

印尼为了备战同年举行的第七届亚运会，也派出当时的主力队员参加，借此一试中国队的实力。但奇怪的是，其主力梁海量并没有参加。中国队为了体现平衡，临时变阵，将侯加昌隐藏起来，只派出汤仙虎一个主力。结果，由汤仙虎、方凯祥、陈天龙组成的中国队大胜印尼队。汤仙虎对阵的是印尼第三号选手宗宗，轻松地将他击败。要提一下的是，这个宗宗的中国名字叫梁春生，正是中国队中女子羽毛球队主力梁秋霞的弟弟。此次比赛结果轰动了整个羽坛。

此次赛事虽然未能看到侯加昌、汤仙虎与梁海量之间的"世纪之战"，但中国的目的达到了。通过与参赛的马来西亚、新加坡、日本、泰国等亚洲羽毛球强国交流沟通，为接着在德黑兰举行的一个重要会议作了铺垫。

在 1974 年 5 月的最后一天，德黑兰举行亚洲羽联代表大会特别会议。

香港是亚洲羽联的成员，香港羽毛球总会会长霍英东早已与各成员国代表多次周旋，达成一致意见。会上取消台湾的"中华羽毛球协会"的成员资格，接纳中华人民共和国羽毛球协会为正式成员。同时，会议还修改了亚洲羽联章程，非国际羽联成员也可加入亚洲羽联，为中国羽协加入亚洲羽联提供法理支持。这一系列决议意味着，中国羽毛球在进入世界羽毛球大家庭的道路上前进了一大步，中国羽毛球运动员有了更为广阔的活动空间。

这一年的喜事还不止这一桩。由于在 1973 年底举行的亚运会联合会大会上，在当届亚运会主办国伊朗等国的共同努力下，恢复中华人民共和国的合法地位。正因如此，中国体育健儿终于可以参加 1974 年 9 月在德黑兰举行的第七届亚运会。

这是新中国运动健儿首次参加亚运会，也是侯加昌首次参加如此大型的综合性运动会。侯加昌对这次运动会及主办方伊朗留下良好的印象。

当时的伊朗处于巴列维王朝时期①，执政者与美国关系亲密，靠着石油生产换取了巨额外汇。受西方思想影响，整个社会在阿拉伯世界中比较西化，呈现一派现代化的景象。

走进新建的亚运村，让侯加昌眼前一亮。这是在沙漠上建起的建筑群，但行走其间，竟然没有半点沙漠的感觉，一丛丛花草点缀在建筑之间，与其他地区没有二致。原来，这些花草都采用了当时最先进的滴灌技术，用水量不大，但足以令植物保有足够水分。侯加昌不禁感慨于现代科技的发达。

① 巴列维王朝，时间包括伊朗父子君王礼萨汗（1925—1941）和穆罕默德·礼萨·巴列维（1941—1979）。

　　亚运村中的服务也非常优良，所有生活设施和服务项目都是免费，让运动员们能非常惬意地生活、备战。侯加昌特别好奇的是一次性塑料餐具，这种餐具现时在国内已经非常普遍，但在当时则是新鲜事物，小小的口袋中装着小巧的塑料刀、叉和汤匙，非常精致而便捷。不少运动员忍不住留上一套，带回国内给亲朋当礼物。

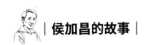 

# 2
# 对战印尼队

在第七届亚运会的羽毛球比赛中，最为热门的就是中国队和印尼队，而凭着近两年的战绩评估，人们更倾向于认为中国队的实力占优。

中国队信心满满、志在必得要拿到男子团体冠军，男子单打派出了侯加昌、汤仙虎，男子双打派出了汤仙虎、陈天祥和侯加昌、庾耀东两对组合，可谓精锐尽出。

反观印尼队，只派出年轻的林水镜①，新科全英锦标赛单打冠军梁海量却不见踪影。为什么呢？印尼方面没有回应，外界推测，印尼观摩之前的中国队实力，对战胜中国人信心不足，怕国宝级的球王梁海量会输给中国选手，使印尼丢掉面子。于是，宁愿不派出最顶尖的选手，放弃亚运会这场相对不太重要的比赛。

至此之后，侯加昌、汤仙虎再也没有机会遇见梁海量，三人之间也未有过交手，三人到底谁更厉害，成了羽坛谜案。

对此，印尼国内有不少人给予批评，如羽坛名宿陈友福就说，如果他是梁海量，哪怕是游泳也要游去德黑兰参加比赛。

虽然没有派出梁海量，印尼队并非不重视亚运会冠军。在开赛前，印尼就偷偷派出说客找中国队，说他们的压力很大，能否如之前的新运会一

---

① 林水镜，印尼羽毛球运动员。他在20世纪70年代后期和80年代初期扬威羽坛，被誉为"世界羽坛上的天皇巨星"。

样，放印尼队一马，把团体冠军让出来。

对此，中国队该怎么应对呢？当时，国内的气氛已经有所改变，不再强调"友谊第一、比赛第二"，而是更加看重比赛的结果。

当时，邓小平已回到领导岗位，他明确表示："要比赛也要友谊，希望中国体育代表团既能获得好成绩，也能进一步和友好国家巩固好友谊，努力完成好双重的任务。"

他又说，如果我们有实力就要积极赢他，不要讲了人情违背了体育精神。中国代表团对这些话的深意心领神会。

于是，在对阵印尼队时，侯加昌再没有收到什么上级指示，而是拼尽全力地打，结果中国队获得男子团体、女子团体、男子单打、女子单打、女子双打 5 个冠军。其中，侯加昌夺得男子单打冠军，这是中国重回亚运会之后获得的首个羽毛球单打冠军，成为历史上的第一人。精明的印尼人就此吞下自己的苦果。

在众多选手中，让侯加昌印象最深的是对阵林水镜的比赛。当时的林水镜刚满 18 岁，是一位羽坛新秀，但其扣杀力度猛、弹跳力强，已经显露出非凡的运动潜力。不过，此时他的大赛经验还不足，侯加昌沉着应战，最终将他战胜。但随着林水镜的成长，后来他将成为中国队的重要对手，为中国队夺冠制造了不少麻烦。

这次亚运会之行，中国羽毛球队在比赛中与亚洲各国的同行充分交流，建立了深厚友谊。与此同时，也让各国认识到，在羽毛球领域，缺少了中国参加，将是世界羽坛的最大遗憾。这样的共识就为后来中国羽协加入国际羽联大家庭作了一次有益的宣传。

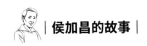

# 3

# 曼谷折戟

在众多比赛中，有一些比赛在侯加昌心中留下了永远的遗憾，1976 年 2 月在曼谷举行的第一届亚洲羽毛球邀请赛就是最惨痛的一次。

赛前一个月，侯加昌在训练中拉伤了小腿，后来经过一个星期的治疗，伤情有所好转。侯加昌担心训练跟不上，就焦急地回到赛场继续训练。结果，原来受伤的部位再次拉伤，伤情比第一次更加严重。侯加昌只有放弃训练，以静养等待康复。

静养康复的效果并不理想，在出发去曼谷前，侯加昌还跑不了步，他心里十分焦急，以这样的状态如何能参加比赛呢？但侯加昌仍然坚持随队出发，希望争取在短时间内调整过来。王文教教练放眼望去，队中也确实无人可替，只有同意了侯加昌的意见，带着他一起飞往曼谷。

飞机到了曼谷，侯加昌发现当地的天气与北京完全不同。出发前在北京还是料峭春寒，而在曼谷竟然热得如夏天，如此反差真是难以让人接受。凭借着坚韧的毅力，侯加昌马上脱下厚厚的外衣，穿上短运动服，到场地进行适应训练。

情况不算太严重，侯加昌经过适应训练，状态有所恢复。王文教与侯加昌认真地分析情况之后，让侯加昌咬着牙关参加比赛。侯加昌以他顽强的意志力，一路过关斩将，硬是闯进决赛。看到这一战果，王文教稍微松了口气。

但另一边的汤仙虎就不太理想了，他在半决赛与印尼选手苏米拉相遇，按以往的成绩，应该可以把苏米拉拿下。但在这场比赛中，苏米拉一反常态地以假动作迷惑汤仙虎，汤仙虎不适应这种打法，结果输了比赛，将决赛权拱手让出。

于是，在决赛上就由侯加昌对阵苏米拉。原来稍有好转的情况又变得严峻起来。

客观来说，侯加昌以防守为主，苏米拉的打法不能占到他的便宜，侯加昌的赢面更大些，但由于他的伤病，增加了比赛的不确定性。

在决赛时，侯加昌顺利拿下第一局。第二局开始时，侯加昌的比分暂时领先，但渐渐地，他的体力明显下降，速度慢了下来，原有的反应快优势不见了。苏米拉看到空子，马上改变战术，步步紧逼，结果把比分追上来，最终拿下第二局。

到了第三局，侯加昌的小腿伤复发，队医只得在他的小腿打封闭，让侯加昌带伤上阵。这局球，侯加昌体力明显不足，眼睁睁地输给对手。此时的侯加昌真是钻心地痛。在他的职业生涯，这是唯一一次代表中国出赛吃了败仗，而且，由于这个选手并非优秀选手，以后再也没有机会对战、不能雪耻。

连挑中国队两员虎将，最终取得冠军，这个幸运的苏米拉回到印尼之后，成为印尼人心中的大英雄。

经此一役，侯加昌对比赛也有了更加深刻的理解，知道从来都没有什么常胜将军，在不利因素的制约下，再厉害的选手也会阴沟里翻船。他当了教练之后，就更加注重对运动员伤病的预防，把"防伤"作为其教练生涯的一个重大课题来研究。这也算是这次失败之后获得的补偿吧。

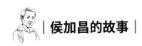

**侯加昌的故事**

在此次比赛中失利的不仅仅是男子单打，男子双打、女子双打也相继失利，最终只夺得女子单打一项冠军。国家体委对此次失利极为重视，认真总结失败的原因。经过细致分析，认为国内羽毛球界存在盲目乐观的情绪，过分依赖某几个拔尖运动员，后续梯队尚未建立起来。比如侯加昌，在赛前的训练中受伤，由于无人可替，只有负伤上阵，虽然冲进了决赛，终因伤势影响而痛失冠军。为此，必须大力培养新人，形成一支老中青结合的人才梯队。经过此役之后，中国羽毛球队的教练开始着手培养新鲜血液，为几年后侯加昌、汤仙虎的退役作准备。

# 4

# 再战林水镜

由于在第一届亚洲羽毛球邀请赛上折戟，外界不少人认为中国队正在走下坡路。虽然国家体委及时调整了策略，但短时间内并未见效，紧接而来在 1976 年 10 月举行的亚洲羽毛球锦标赛备受关注，集训队员中争分夺秒地进行备战训练。

就在此时，国家的变故不断，让集训队员经受考验。先是唐山大地震，地震波及北京，人们只有搬出屋外，临时搭棚居住。集训队员坚持住在室内，如常开展训练。而非战斗人员则挑起轮班通宵关注震情的重担，保证集训队员的夜间休息。

地震影响刚过去，又传来毛主席病逝的噩耗，全队上下抑制痛失领袖的哀痛，在参加悼念活动之余，进一步加紧训练。经过近半年的集训后，历久弥坚的中国队起程前往印度海得拉巴。

此次比赛，教练团在研究之后决定，把培养新人放在优先位置，虽然有老将上阵，但也要给新人机会。于是，男子团体赛派栾劲、陈昌杰等几个新人担纲，而老将侯加昌、汤仙虎、方凯祥只参加单打比赛。在团体赛中，几个新人表现出色，最终获得亚军。接下来就看单打比赛了。

此次男单比赛的冠军大热人选是林水镜。正如侯加昌所料，年轻的林水镜在之后的几年中，逐渐展现出非凡的羽毛球才华，接连打败世界众多高手，又以其俊朗的外表，吸引了众多粉丝，成为名副其实的天王巨星。

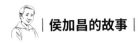

在这次比赛中，林水镜表现神勇，中国的方凯祥、汤仙虎先后被他挑落马下，最终杀入决赛。而侯加昌被安排在另一区，一路过关斩将也冲进决赛圈。最后就看两人的对决了。

决赛前夕，媒体和球迷开始热议，谁将是最后王者。以当时的状态来看，林水镜更胜一筹，年龄上只有 20 岁，正是运动员出成绩的黄金时期；而侯加昌在半年前刚输掉重要的比赛，被认为状态低迷。于是，外界一边倒地看好林水镜。

侯加昌面对这样的舆论压力，并不患得患失，而是发挥他善于思考的优势，用心观摩林水镜的比赛录像，寻找他的薄弱环节。他相信，只要能抓住薄弱环节加以攻击，而自己又能保证不露出明显破绽，就有希望取得胜利。终于，侯加昌发现了林水镜的弱点在于正手下手回球失误较多的弱点；他的心理起伏较大，如果大力扣杀未能将对手杀死，就容易出现松劲儿；另外，他还不善于多拍来回，第二局的状态也不如第一局。侯加昌将这些弱点串联起来，逐渐形成一套对付林水镜的作战方案。于是，侯加昌在毫无包袱的情况下，上阵对决林水镜。

虽然侯加昌针对林水镜的正手下手弱点攻击，双方还是紧紧咬住，第一局打到 14∶14，进入加分赛。此时，全场的气氛都凝固住了。

林水镜先声夺人，在接下来的两轮中连得两分，比分变成 16∶14。按当时的规定，加分赛只要达到 17 分，就算胜利。林水镜只要再取 1 分就能赢得第一局。这时，才是心理战的开始。在发球之后，林水镜急于获得胜利，逮住机会就猛地跃起尽力一扣，白色的球像箭一样直飞向侯加昌的场地，侯加昌本能地防守。那只是千分之一秒的一刹那，全场的目光紧盯着那个球，准备在它落地的一刻欢呼。但球出界了，全场像泄了气的皮球一样，一片叹息声，林水镜也明显表现出失望的神情。这正是林水镜的另一个弱点，在未能将对手杀死时，容易松劲。

侯加昌不为所动，冷静地拾起球，走到发球线上。他深呼吸了一口气，控制了一下节奏，在心里暗暗告诉自己：我的机会来了。

果然，侯加昌得了1分。16：15！

此时，场上的气氛立马变了，侯加昌虽然落后1分，但握有发球权。侯加昌乘胜追击，继续把比分追成16平。这时，林水镜的气势明显变得低落，对抢回发球权信心不足。侯加昌抓住这一点，与林水镜进行多拍来回较量，抓住一个空隙，给了林水镜致命一击，以17：16有惊无险地拿下第一局。

第二局就相对轻松了，在第一局受挫的林水镜明显失去了锋芒，接连在他的弱点正手下手位失误，侯加昌最终以15：9取得第二局的胜利。

侯加昌以2：0的总比分夺得冠军。一个年近34岁的老运动员最终凭着丰富的经验，战胜一个正冉冉升起的20岁的新星，确实是不容易，但侯加昌做到了。他以如此精彩而具有教科书式的战斗结束了自己的单打生涯。从此之后，他不再参加单打比赛，而改为与年轻运动员庾耀东配对专攻双打，直至挂拍退役。

第十三章
## 抗衡国际羽联

# 1

# "汤侯时期"

侯加昌与汤仙虎是中国羽坛的"双子星"，两人在相当一段时期内称雄国内国际羽坛，从 1961 年到 1975 年的 14 年间，被人称作"汤侯时期"，成为世界羽坛的一道奇观。有趣的是，一个人姓"侯"，与"猴"谐音，另一个人叫"虎"，于是人们又以"虎猴之争"来形容这段时期。在很长一段时间内，一人在广东队，另一人在福建队，常常为了各自的代表队而竞争。由于时间跨度大，前面并未着重介绍两人的竞争。在叙述到侯加昌运动员生涯的最后时光时，本书有必要专门系统地介绍一下"汤侯时期"。

两人真的有非常多的相似之处：都是印尼归侨，都是广东籍人（一个在梅县，另一个在花县，也是非常有意思的组合），都是 1942 年生人，都在 1960 年回国，一同进入国家队，很多重要比赛常常是一起参加，有时是竞争对手，有时又是配对搭档，之后又一起在 1979 年退役，退役又一起执教中国羽毛球队。两人同样是有着高超的羽毛球技战术，有着坚强的意志品质，有着严格的组织纪律性，还有着一颗炽热的爱国之心、一份为中国羽毛球事业奉献终生的信念。受那个时代的影响，两人行事都不张扬，较为内敛，淡泊名利，一切以集体利益为重。

但两人的不同之处也非常突出。汤仙虎是进攻型选手，体力、耐力好，击球力道凶猛，善于扣杀，善于网前控制；侯加昌则是防守型选手，步法灵活，移动快速，防守严密，善于突击。虽然两人的风格截然不同，

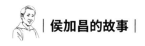

但又在不同的层面、互为补充地构织起中国羽毛球的"快、狠、准、活"特点。

两人的竞争最早从 1961 年开始，在"六省市羽毛球邀请赛"上，两位选手首次在全国赛场上亮相，一经亮相便成为整个比赛的亮点。当时，侯加昌技高一筹，战胜汤仙虎并获得冠军。从 1961 年至 1963 年，侯加昌以出色的防守抵挡住汤仙虎凌厉的进攻，在比赛中占据上风。

从 1964 年到"文化大革命"前夕，侯加昌的旧伤复发，体力上受影响，而汤仙虎则针对侯加昌的弱点，加强消耗战对拉，再以凌厉攻势击破，使侯加昌吃了不少亏。

1972 年，两人同时应召进入国家队。由于汤仙虎是进攻型选手，在对外比赛中常常被排在一号位置，而侯加昌则排在二号位置。但在国内比赛中，侯加昌又常以沉稳的防守战胜汤仙虎。从 1972 年到 1975 年的历次国内大赛上，两人是轮流坐庄，谁的临场发挥更好谁就能赢得比赛。

两人除了是竞争对手之外，更是合作伙伴。对于中国队来说，这样一对技战术完全相反的顶尖选手正好是夺冠的"双保险"。如果是两人配对双打，就更是滴水不漏、毫无破绽，但出于对新人选手培养的考虑，在 1972 年之后的比赛中，基本看不到两人配对的身影了。

1973 年 4 月，两人在杭州举行的全国羽毛球比赛男单决赛中相遇，打了一场针尖对麦芒的激战，双方都发挥了最佳的技战术水平，打足三盘才决出胜负。这场比赛被同行们津津乐道，认为是"汤侯时期"的最高水平表演。

在 1975 年的第三届全运会上，侯加昌与汤仙虎再次在决赛上对决，最终汤仙虎夺得冠军。但是，这场比赛毫无精彩之处，是两人历次大赛对决中表现较差的一次。据侯加昌后来回忆，比赛前一天晚上，侯加昌一夜没有睡好，又不懂得吃安眠药帮助睡眠，精神状态特别不好，错失夺冠的机会。至此，侯加昌参加了两届全运会，始终未能取得羽毛球男子单打冠军。幸好，他的几位得意弟子韩健、杨阳、赵剑华替恩师完成了这一夙愿①。此时，已届三十的两人都已过了运动的黄金时期，接下来的几年虽仍然坚守赛场，但他们更期盼着有合适的新人接班，挑起中国队的大梁。

"汤侯时期"的出现既有它的辉煌，也有它的无奈。辉煌的是，两人一次次地带领中国羽毛球队击败世界强队，成为世界羽坛的"无冕之王"；但无奈的是，由于历史的、政治的原因，这对选手始终无法参加世界最顶尖的比赛，夺取最顶尖的荣誉，这不仅成为他们运动生涯的遗憾，也成为中国羽毛球运动史的遗憾。可幸运的是，在他们走上教练岗位之后，凭借着他们的经验与热情，所培养出来的弟子终于替师傅完成夙愿。

另外，"汤侯时期"的时间跨度达 14 年之久，也从一个侧面说明，中国羽毛球坛的后备人才不足，在出现某几个天才之后，不容易再有同样分量的天才作为后备，形成梯队，保证中国羽毛球事业长盛不衰。

---

① 新中国成立以来的前七届全运会羽毛球单打冠军分别是：王文教（第一届）、汤仙虎（第二、第三届）、阎玉江（第四届）、韩健（第五届）、杨阳（第六届）、赵剑华（第七届）。

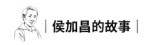

## 2
# 与国际羽联斗争

加入国际羽联，一直是中国羽毛球界的心愿。但这个心愿始终未能实现，成为第一代、第二代羽毛球人的心病。

国际羽联成立于 1934 年，最初有 9 个成员，包括加拿大、丹麦、英格兰、法国、爱尔兰、荷兰、新西兰、苏格兰、威尔士，大部分是英联邦的成员国家和地区。之后迅速发展，成为具有世界性的羽毛球运动组织。

1974 年，在霍英东的推动下，中国羽毛球协会加入亚洲羽联，算是在融入世界羽毛球大家庭进程中迈进了一步，而在香港和曼谷举行的两次大型邀请赛，也让世界各国与中国的羽毛球同行进行了友好的交流，加深了感情。但这仅仅只是开始，并不足以撼动顽固势力，前面的路仍然非常崎岖。

1975 年，中国代表向国际羽联提出驱逐台湾并加入羽联的请求，但遭到一些霸权国家的阻挠。在投票中有 49 票赞成、25 票反对，未达到国际羽联规定的四分之三，最终未能通过。

当时国际羽联的投票机制十分不合理，每个会员拥有的票数不同，像英国，它属下的英格兰、威尔士、苏格兰分别有 3 票，再加上同为英国人的羽联主席、秘书、司库各有 1 票，英国一个国家总共有 12 票，其话语权大大高于其他国家。另外，丹麦、印尼、泰国、日本各有 3 票，美国、新加坡各有 2 票，其他国家只有 1 票。

这次斗争也引起国际羽联的警惕，呼吁亚洲羽联的其他国家要抵制有中国参加的比赛。对于这一呼吁，亚洲各国出现分派站队现象。

一边是支持中国的，占了大多数。这些国家主要是泰国、韩国、菲律宾，他们之前在中国加入亚洲羽联时就给予大力支持。此时，这些国家明确表示，不会响应国际羽联的呼吁，并支持中国羽协融入世界羽毛球大家庭。

另一边是支持国际羽联的，只有印尼等少数国家。自 1965 年印尼排华事件后，中国与印尼断交，未有外交途径进行沟通。而印尼方面更看重国际羽联的比赛，经过权衡后，时任印尼羽协主席苏迪曼辞去亚洲羽联副主席职务，并明确响应国际羽联的呼吁，不再参加亚洲羽联的活动。

自从印尼脱离亚洲羽联，使亚洲羽联更加走向与国际羽联对立的一面。亚洲羽联从 1976 年开始，每年举办亚洲羽毛球邀请赛，前三届分别在曼谷、香港、北京举行，每一届都有中国羽协和香港羽总的大力支持，为亚洲各国提供羽毛球运动交流平台。1976 年那一届更是与全英羽毛球锦标赛同期进行，与之唱对台戏。

1976 年，亚洲羽联再度提出中国加入国际羽联的提案，仍然遭到否决。亚洲羽联就放出风声，如果国际羽联一意孤行，就要自立门户，创建新的世界羽毛球组织。

1977 年，亚洲羽联第三次提出中国加入国际羽联的提案。此次投票有 49 票赞成，32 票反对，当时国际羽联担心亚洲羽联要脱离出去，宣布投票有效，接受中国羽协加入。但一个月后，伦敦高级法院裁决，这次投票未能满足其章程规定的总票数的四分之三，提案通过无效。于是，这次提案再遭否决。

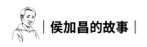
# 3
# 成立世界羽联

在几次投票受阻之后，中国羽协和霍英东等人认识到，再沿着这条路走下去，只会是死胡同，必须破釜沉舟、另辟蹊径。于是，在中国羽协的支持下，霍英东启动组织新的世界羽毛球组织的工作。这项工作说来容易，但实施起来就困难重重，霍英东等人接下来的种种努力，真可谓柳暗花明、跌宕起伏。

如果要成立新的世界羽毛球组织，就必须把更多的国家拉过来，但其时只有亚洲的国家支持，必须在其他大洲寻找追随者。

经过研究发现，国际羽联的会员中也是矛盾重重，其中一个较大的矛盾就是非洲国家抵制仍然实行种族歧视的南非，要求国际羽联开除其会员资格，但国际羽联对这一要求置若罔闻。中国意识到，这是一个很好的突破口，便着手拉垄这几个国家，一起加入新的世界羽毛球组织。

于是，在 1977 年 3 月至 4 月，受亚洲羽联的委托，中国羽协举办亚洲羽联首次羽毛球教练员训练班，应邀参加的除了亚洲羽联的成员单位之外，还有来自非洲的尼日利亚、坦桑尼亚，南美的墨西哥，欧洲的瑞典，共计 18 个国家和地区。在这次训练班上，除了中国国家队和省队的教练员作为培训教员之外，侯加昌等知名羽毛球运动员也配合开展培训，可以说是毫无保留地传授。通过这样的方式，参加训练班的人员，特别是几个非洲国家，深入地学习到中国羽毛球队训练的先进经验，对中国羽协要加入世界羽坛大家庭的愿望更加理解与支持。于是，这些国家便站到中国及亚洲羽联的一边。

有了这个铺垫之后，霍英东接着登场。

1977 年 9 月，由香港主导的亚洲羽联在羽毛球的发源地伦敦举行会议，指出国际羽联存在的种种不合理现象，并倡议成立新的世界羽毛球联合组织。

在倡议之后，霍英东注册成立世界羽毛球联合会，注册地是霍英东的家。接着马上开始筹备人员架构与成立大会。

既然是"世界性"组织，就需要有世界的味道。

首先是选主席，霍英东感觉自己或中国代表都不合适当，必须找个外国人，而且要选有较高政治地位的人来当，才能提高世界羽联的档次与地位。在思考再三之后，他想到了老朋友、泰国前副总理他威将军①。他亲自带着大儿子霍震霆来到泰国，向他威将军讲述了世界羽联成立的目的，并提出由他担任主席的请求。他威将军对霍英东十分友好，当即同意了这一请求。世界羽联随即把筹建总部迁到曼谷。

主席人选确定后，霍英东马上四处奔波，游说各国羽协加入这个新组织。亚洲的几个国家已经是老熟人了，都紧密地团结在亚洲羽联之下，不需要花多少唇舌就答应加入。随后，又借着上次在教练员训练班上的关系，动员了非洲羽协属下的尼日利亚、坦桑尼亚、肯尼亚、加纳、毛里求斯、赞比亚 6 个国家加入。南美的墨西哥则答应代表泛美羽毛球联合会以观察员的身份列席会议。另外，欧洲的奥地利、法国、联邦德国、瑞典、

_____

① 他威将军虽然是政界人物，但对体育事业十分热心，他还担任亚运会联合会主席一职，在世界体坛有着较高的影响力。

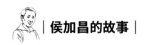

 南斯拉夫同样承诺以观察员身份列席。于是，新成立的世界羽联把世界五大洲基本凑齐，总共有 21 个成员国家和地区。

有了这些成员的支持，世界羽联筹备委员会召开第二次会议，在这次会议上，亚洲羽联和非洲羽联宣布退出国际羽联。于是，新局面出现了。虽然国际羽联的成员国仍然占了大头，但只有三个大洲，而世界羽联则有两个半大洲（墨西哥代表了南美）。世界羽联终于有了与国际羽联平分秋色、相互抗衡的筹码。

在大戏开始前，中国羽协还进行了一次预热，1978 年在北京举行第三届亚洲羽毛球邀请赛。这是中国首次举办大型国际性羽毛球赛事，作为难得的体育外交机会，受到中央的高度重视。

根据中国羽协与亚洲羽联的协商，为了增加参赛国的参与度，此次邀请赛除了设立成人项目，还设立少年项目。因此，在此次比赛中，泰国、缅甸、新加坡、中国香港都分获 1 个冠军，可谓皆大欢喜。为了显示重视，邓小平同志在人民大会堂接见了邀请赛的参赛人员，其规格之高盛况空前。侯加昌等国家队队员受到邓小平同志的亲切慰问，留下了珍贵的回忆。

当时，印尼已不再参加亚洲羽联的活动，但其羽联主席苏迪曼出席了活动。

他看到亚洲羽联如此团结，而印尼则成为孤立者，心情无比复杂地说："作为国际羽联的成员，我们要遵守它的章程，但我们脱离不了在亚洲区域发生的事情。印尼政府和印尼全国体育委员会是亚洲和东南亚国家联盟团结的信奉者，因此在不得已的情况下我们必须站在亚洲一边。"

言外之意非常明显，就是希望与亚洲羽联缓和关系，在必要时帮助中国实现加入国际羽联的目标。

至此，亚洲内部的意见已基本统一。

万事俱备，世界羽联筹备委员会在 1978 年 2 月举行第三次会议，会议上宣布世界羽联正式成立，总部设在泰国曼谷。大会选举了泰国的他威将军为主席，中国的朱仄出任第一副主席，亚洲羽联主席和非洲羽联主席分任副主席，霍英东为名誉主席。

但是，成立世界羽联只是计划的一部分，中国的目的是要迫使国际羽联妥协，让其加入国际羽联，享受参与各类大赛的权利。现时，离这个目标已经不远了。

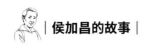 

## 4

# 夺得世界冠军

全新的世界羽联成立之后，马上着手举办有影响力的赛事，以实现与国际羽联抗衡的目标。

经过近一年的准备，1978 年 11 月，第一届世界羽毛球锦标赛（单项）在曼谷举行。之所以在曼谷举行，是合情合理的，因为世界羽联的总部设在曼谷，该会首届最重要的比赛，当然是在总部所在城市举办了。而这样的选址又完美避开中国大陆或香港，体现出赛事的世界性与公正性。

此次比赛共有 16 个国家和地区参加。泰国总理也亲临现场观战，还邀请邓小平同志来参加闭幕式。侯加昌此时已告别单打，他与庾耀东配对参加男子双打比赛，最终获得双打冠军。这个冠军是他运动生涯中获得的最高级别的冠军，可以算是世界冠军①。让他无比光荣的是，邓小平作为特邀嘉宾为侯加昌颁奖。在他退役之前，终于可以实现对母亲的承诺了。侯加昌回想起 1972 年刚加入国家队时，曾经因为自己的伤病和年龄而犹豫，是否要退役，当时硬是凭着一股信念坚持了下来，现在看来是非常值得的，所有付出都倾注在这枚闪亮的金牌上。

当五星红旗在会场升起的一刻，他的眼睛湿润了，一幕幕画面在眼前浮现。他自豪地披上国旗，环绕会场向观众致意，感谢大家的支持。

---

① 客观而言，这个世界冠军的含金量值得商榷，因此在后人设计的羽坛排行榜上，往往没有将侯加昌、汤仙虎列入靠前位置。但我们仍然认为侯加昌无愧是世界一流运动员。

在这届锦标赛上，除了男子双打冠军之外，中国队还获得男子单打、女子单打、女子双打冠军，实现了大满贯。

在幕后操办比赛的霍英东非常关注赛事的结果，得知运动员夺得冠军，马上来到运动员住处看望功臣，并为他们庆功，还特意与捧着奖杯的侯加昌、庾耀东合影留念。侯加昌感受到这位爱国商人对中国羽毛球事业的热爱之情，留下了深刻的印象。

有了举办第一届比赛的经验之后，在 1979 年 6 月，世界羽联移师中国杭州，举行第一届世界羽毛球杯赛（团体）暨第二届世界羽毛球锦标赛（单项）①。这一次，中国队为了培养新人，侯加昌等老将没有参加单打或双打比赛，只参加团体比赛。最终，中国队在决赛中战胜泰国队获得冠军。这是侯加昌运动生涯最后一次比赛。之后，侯加昌光荣退役，担任中国羽毛球男队教练，开始了人生的新征程。老队友、老搭档汤仙虎也同时退役，担任中国羽毛球女队教练。至此，"汤侯时期"正式宣布结束。

在这次比赛中，中国还夺得了 3 个单项冠军，充分显示了新老交替后的成果。

正是这两次比赛，如两把利剑一样插入国际羽联的心脏，让国际羽联的老大爷们痛不欲生。他们极不情愿地看到，世界羽坛由他们一家垄断的局面被彻底打破，形成两个羽联并立的格局。如果不能及时阻止世界羽联的行为，他们举办赛事的影响力必然越来越大，最终威胁到国际羽联及其举办比赛的公信力。它开始考虑向中国妥协，这个故事将在后面的章节详述。

———————
① 世界羽联的历史很短暂，只举办了这两次锦标赛，之后因与国际羽联合并，再没有另立炉灶举办比赛。

第十四章

**开启新征途**

# 1

# 侯父逝世

1979 年，发生了一件让侯加昌抱憾终生的事。

1965 年，在印尼发生"9·30 事件"后，中国与印尼交恶，在 1967 年断交，两国直到 1990 年才重新建交。在此期间，印尼政府对在印尼出生、之后又回到中国的华侨严格限制入境。所以，侯加昌自 1965 年访问印尼之后，再也没有回过印尼。

当时，侯加昌的父母年事已高、身体多病，很希望能再见儿子一面，决定到香港，叫侯加昌赶过去相见。侯加昌一问才知道，赴港通行证非常难申请，一般要等一两个月。好在去澳门容易得多，于是侯加昌毫不犹豫地申请了赴澳通行证，与妻子女儿一起赶去澳门，打算让父母到香港之后，再到澳门团聚。

侯父到了香港就与侯加昌通电话，说明天就可以赶到澳门，很想见到从未谋面的孙女。当时，侯加昌听到侯父的声音很嘶哑，以为只是由于长途飞行带来的疲劳，并没有往心里去，只想着第二天就能一家团聚。

谁知道第二天接到二哥的电话，说侯父病了，不能到澳门，要侯加昌马上赶去香港。侯加昌脑中"嗡"的一声，过了很久才反应过来，意识到要想办法赶去香港。

但是，他没有赴港通行证，又如何能够过关呢？他思前想后，想到了一个人，就是曾担任过印尼苏加诺总统翻译官的司徒眉生①。司徒眉生是著名华侨教育家司徒赞②之子，在印尼有很大的影响力。他后来归国，担任澳门归侨总会会长，与归侨保持密切联系。他得知消息之后，马上与当局沟通，并出面做担保人，让当局特批侯加昌一家前往香港。

但是，一切都太迟了，侯父因突发性脑溢血，已经昏迷不醒。待侯加昌一家赶到医院时，他再也睁不开眼见素未谋面的孙女了。由于未能及时发现与抢救，侯父在医院昏迷了几天后，就与世长辞。侯加昌从家人口中得知，在坐飞机前往香港前，侯父已经感到身体很劳累，家人都劝他休息几天再动身。但侯父心感自己时日无多，就执意要马上起程，一心想见儿子和孙女。

对于这一突如其来的变故，侯母悲痛欲绝。她几年前就因为中风而偏瘫，出入行动都需要人搀扶。此次侯父提出要长途旅行，她坚持同往，已经大大超出她的承受能力。想不到一到香港又遭遇丈夫去世的打击。当她见到儿子侯加昌时，表情木然。侯加昌搀着侯母，感到她单薄的身体就像即将倒下的枯树，是那样的无力，更让侯加昌心痛不已。

弟弟到香港多年，已闯出一番事业。他积极与香港羽毛球总会联系，许诺以高薪聘请侯加昌当教练，不仅可以给他一套房子，每个月的工资可达 6000—8000 港币。当时侯加昌在国内的工资仅有 100 多元人民币，亲友们都纷纷劝侯加昌留下来，好在此陪伴侯母，补偿一下多年不在身边的遗憾。

---

① 司徒眉生，司徒赞之子，广东开平人，曾担任印尼总统苏加诺的私人外事助理、华语首席翻译，参与印尼和中国政府之间的会谈，被誉为推动中印关系的"民间大使"。

② 司徒赞，广东开平人，印尼华侨教育家和社会活动家，为当地华侨做了很多社会公益事业，1960 年回国后，继续参加社会主义建设，维护华侨权益。

当时，侯加昌内心激起了强烈的波澜。一边是自己的母亲，自己未满18岁就离家远行，聚少离多，因为忙于训练，甚至连封家书都没有好好写，没少让父母担心。另一边则是国家，这么多年地培养他，在他退役之后正好顶起教练的大梁，为羽毛球事业发光发热。两边都需要他，他只能做二选一的抉择。

侯加昌思量再三之后，终于艰难地决定舍小家而顾大家，仍然回国担任国家队教练。他只能耐心向侯母和家人解释自己的难处，希望大家能够谅解和支持。妻子张明珠一直默默地支持丈夫的决定，她很理解他的事业心，知道这是他生命的全部。

处理完侯父的后事，侯母又跟着到澳门，与侯加昌一家住了几天。时间过得很快，探亲假已到期，侯加昌只有再一次与侯母告别。侯加昌坐在北上广州的大巴上，看到坐着轮椅的侯母，泪水不禁流了出来。侯加昌心里想：母亲，请再原谅儿子一次吧！父亲在天之灵也会理解和支持儿子的决定的。

回到队中，大家都非常不解，原以为侯加昌这一去，就再也不回来了。在他们身边，就有不少人想方设法出国，谋求更好的生活①。侯加昌已为国家尽力拼搏，到了37岁高龄才退役，而此时他的母亲又需要人照顾，于情于理都可以离开国家队，也没有人敢就此提出半点非议与指责。但是，侯加昌还是选择了他热爱的羽毛球事业，继续在教练的岗位上为国家队奉献力量。同事们在不解之余，对侯加昌又多了一份由衷的敬佩之情。

---

① 与侯加昌一同担任教练的汤仙虎，后来就因为家庭，回到印尼当教练，以新的方式与侯加昌在赛场上斗智斗勇。

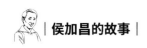 

今天，我们回过头来看这段历史，我们应该庆幸有像侯加昌这样的一大批优秀运动员，中国羽毛球事业正因为有这样的顶梁柱，其发展才会生生不息、代有人才。

## 2

# 中印较量

国家确实非常需要侯加昌，因为一个真正属于中国羽毛球的时代终于到来了！在这个时代，中国羽毛球队将面临更多的挑战，需要有一大批优秀运动员、教练员前赴后继地奋斗。

由于两个世界性羽联组织并存，当时举行的所谓世界性赛事，都未能将羽坛最顶尖的高手齐聚一堂、一较高下，人们对中国和印尼到底谁才是羽坛霸主，也都争论不休。大家都期待着王者之间的对决，以结束这样的争论。

于是，在第三方的协调之下，两队在这个特殊时期进行了两场对决，一场在 1979 年 12 月，另一场在 1980 年 2 月。

在此时与印尼队对决，中国队并不占优势。在 1978 年举行的第八届亚运会上，由老将侯加昌、汤仙虎领衔的中国羽毛球男队不敌由林水镜、苏米拉领衔的印尼队，男子团体、男子单打、男子双打均只获得亚军，侯加昌最后一次参赛，与庚耀东配对参加男子双打，只获得第三名。幸好在女子团体、女子单打和混合双打中取得冠军，算是挽回了一些颜面。但印尼队显得不可一世，说：我们可以出 10 个人打败汤仙虎、侯加昌，可以出 200 个选手对付中国队，今后不要再在我们面前提中国队。因此，在比赛前，不少人都不看好中国队，认为青黄不接的中国队会输得很惨。但也有人认为，中国队的新秀有很大的潜力，特别是有侯加昌、汤仙虎这样的

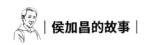

老将指导，其成长会更快。

在第一场对决中，印尼的狂言很快被打脸。由新秀韩健等人领衔的中国羽毛球队顶住压力，以 6∶3 取得胜利。这个赛果让人们对中国队充满了信心，希望两个羽联尽快合并，使真正的王者能够荣膺羽坛最高荣誉。

但是，印尼队对赛果并不服气，认为他们并未派出最强阵容，他们需要再赛一场，以证明自己才是真正王者。于是，就有了 1980 年 2 月在新加坡举行的"谁是当今羽坛霸主"羽毛球争霸赛。

这次争霸赛的规格更高，以两个羽联的名义进行，由国际羽联派出印尼队，世界羽联派出中国队，用汤姆斯杯的赛制决一雌雄。这样的命名根本不像上档次的正式比赛，倒有几分像为博眼球而语出惊人的商业比赛。但是，这场比赛在当时确实轰动了整个羽坛，各路媒体都齐聚狮城，要一睹两强争霸的盛况。

当时，对于中国队确实存在不利因素，曾叱咤羽坛的侯加昌、汤仙虎两员虎将同时退役，而新人又还不成熟；而印尼队这几年人才辈出，既有球王梁海量 [①]，又有如日中天的林水镜。中国队的胜算又有几何呢？幸好，中国的教练团队中有老教头王文教，还有退役的侯加昌、汤仙虎助阵，他们有非常丰富的大战指导经验。

这场比赛，印尼队吸取前一次对决的教训，排出了最强阵容，以林水镜为主力，还有"双打王"纪明发、宗宗组合。而中国队仍然是韩健、栾劲、阎玉江等新秀出场。

这场比赛虽然并非正式比赛，却是侯加昌参与指导的第一场重要赛

---

① 当时，梁海量年届三十，虽然未退役，但已经过了巅峰期。

事，他内心承受了巨大的压力，不知道自己能否在教练员的岗位上站稳脚跟。侯加昌与生俱来就有一股不服输的品质，他满怀热情地投入教练员的工作中，更加认真细致地研究对手的情况，设计出各种应对方案；又根据对手的技术弱点，对韩健等运动员进行有针对性的训练，务求在这次对决中获得全胜。

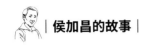

# 3
# 巅峰对决

　　这场争霸赛特地采用了汤姆斯杯赛制。所谓汤姆斯杯赛制，就是比赛分两天进行，共进行 9 场比赛，谁获得 5 场胜利谁就赢得最终胜利。在 9 场比赛中，第一天进行单打、双打的一号、二号选手之间的比赛；第二天，先由两队的三号单打选手对阵，再由单打的一号、二号选手交叉对阵，最后由双打的一号、二号选手交叉对阵。总的来说，单打要打 5 场，双打则打 4 场。在这一赛制下，更加看重单打水平，要求有较为均衡的单打选手，如果单打的 5 场全胜，就可以取得整场比赛的胜利。

　　印尼方面，单打选手依次是：林水镜、苏米拉、杨振伟，双打选手依次是：宗宗和张鑫源、纪明发和林水镜。

　　中国方面，单打选手依次是：韩健、阎玉江、栾劲，双打选手依次是：孙志安和姚喜明、栾劲和林江利。

　　针对对方选手的实力和己方的情况，侯加昌与教练组一起排出了中国队的阵容，并结合印尼选手的特点，对各个运动员进行战术指导。

　　在第一天的比赛中，林水镜取得开门红，战胜阎玉江，接着韩健战胜苏米拉，追成平局。双打方面，栾劲、林江利组合战胜宗宗、张鑫源组合，而孙志安、姚喜明组合则负于纪明发、林水镜组合。这样，双方就战成 2∶2 平手。

　　到了第二天的比赛，先是双方的三号选手对阵，栾劲以 2∶0 战胜杨振伟。接着，双方的二号选手对阵，阎玉江以 0 : 2 负于苏米拉。双方又打成 3 : 3 平手。

第三场由双方的一号单打韩健与林水镜对阵，这是整场比赛的焦点，也最能体现两队的实力水平。在这场比赛中，双方的比分咬得很紧，前两局打成 1 : 1 平手。第三局就成为全场的关键。

这一局，林水镜发挥得比较好，比分一直领先，率先打到 14 分，取得赛点。但韩健并没有放弃，顶住压力一分分地追，硬是把比分追成 14 : 14 平。于是，两人又拖到加分赛。两人的分数依旧胶着，又打成 16 : 16 平。这时，比赛的最终赛点出现，谁取得 17 分，就能取得胜利。

对于这一分，双方都极为谨慎，不敢轻易扣杀。在几个来回之后，林水镜逮住一个机会大力扣杀。全场的目光随着球飞向韩健那边，球飞到一半就碰到网线，它使劲地往前冲，但没有冲过去，顺着网线掉到林水镜的场边。随着球的落地，全场都沸腾起来了，有的观众在拼命欢呼，有的则顿足捶胸。而林水镜表现出无比的懊恼，狠狠地把球拍甩在地上[①]。就这样，韩健以无比的沉稳拿到了关键的一分，胜利的天平向中国倾斜过去。

接着上场的双打比赛，由孙志安、姚喜明组合对宗宗、张鑫源组合。两队的实力不相上下，经过激烈的较量，孙姚组合最终以微弱优势取得胜利。此时，中国已率先拿到 5 分，意味着已获得胜利。最后一场双打比赛显得无关紧要，中国队的栾劲、林江利组合输给实力更加强劲的纪明发、林水镜组合，最终以 5 : 4 的总比分获得胜利。

这场万众瞩目的世纪之战，以中国队险胜告终。这场预演为后面的汤

---

① 据侯加昌回忆，他第一次看见林水镜如此失态。

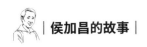 

姆斯杯对决作了一个预演，人们更加期待这对选手在正式赛场上的对碰。

最失望的要数国际羽联的官员，他们暗暗地感到，如果不承认中国在国际羽坛的地位，他们举办的所有赛事都不再具有代表性，随着世界羽联的成长，国际羽联甚至有可能被边缘化，这将是他们不能承受的失败。

于是，羽坛一场两个国际性组织的对决徐徐拉开帷幕。

第十五章

**走向世界**

# 1
# 两个羽联合并

世界羽联的成立，虽然远远弱势于国际羽联，但他号称有两个半大洲的支持，也像模像样地举办了两届锦标赛和一届杯赛，已经完全有能力与国际羽联并驾齐驱。当时，羽毛球运动正在谋求进入奥运会，这是全世界最重要的体育盛会，只有进入奥运会，项目的发展才能得到更多国家与民众的重视。但是，国际奥委会有一条规定，同一个项目不能有两个国际组织，否则不能加入奥运会。这就点了国际羽联的死穴。它在衡量利弊之后，不得不与世界羽联妥协。

当时，国际奥委会主席基拉宁也出面调停，他说："只有在有了一个统一的组织之后，这个项目才有可能得到奥林匹克的承认。现在看来，正是两个组织的多年对立，才致使羽毛球进入奥运会的时间比乒乓球晚，虽然它的国际影响甚至要大于乒乓球。"

可以说，他的意思已经再明白不过了——国际羽联要懂得让步，不能为了某些成员国的偏见而影响整个运动项目的发展。

于是，国际羽联开始做大量的工作。1981 年 3 月，国际羽联召开全体会员的特别会议，以 57 票同意、4 票反对通过了同意国际羽联与世界羽联合并的决议。

国际羽联解决了内部问题之后，就着手与世界羽联谈判。

双方于 1981 年 5 月在日本东京举行谈判，不眠不休地讨价还价，其激烈程度一点都不亚于两国之间的争斗。霍英东参与了整个商讨过程。经过双方的商讨，达成了一致意见，正式宣布两个羽联合并。

合并之后的组织名称仍然叫国际羽毛球联合会①，世界羽联原有的会员（包括中国）就顺理成章地成为国际羽联的成员。经过选举，由苏格兰的雷迪出任新的国际羽联主席，而中国的朱仄则出任国际羽联副主席。之后，中国一直有代表担任这个组织的副主席，王文教也出任过国际羽联的理事。1993 年，中国的吕圣荣更是出任国际羽联主席，成为国际羽联历史上第一位女主席，也是第一位担任奥运会运动项目国际体育组织主席的中国人。

改组之后的国际羽联也改变了原来的不合理投票机制，变成各个成员国或地区都只有一票的投票权利。

国家为了庆祝这个历史性事件，特意在北京举行了一次盛大的庆祝会，邀请世界上所有曾经为中国进入国际羽联作出贡献的人士参加，邓小平同志亲切接见了这些嘉宾。

从此之后，中国羽毛球运动员终于可以名正言顺地参加世界各个羽毛球比赛，为国争夺荣誉。可惜的是，侯加昌等老一辈运动员已经没有机会问鼎这些荣誉了，作为补偿，他们只能带着自己培养的弟子完成这个梦想。这或者就是一代人有一代人的使命，一代人有一代人的担当吧。

于是，侯加昌就带着他的弟子，开始了对新荣誉的冲击之旅。

---

① 2006 年 7 月 24 日，国际羽毛球联合会改名为羽毛球世界联合会。本书为尊重历史，后文仍统称为国际羽联。

# 2

# 参加世运会

在加入国际羽联之后，中国羽毛球队获得了前所未有的、众多的参赛机会，运动员们急需在这些赛场上小试牛刀。

1981 年 7 月，在美国圣克拉拉 [①] 举行第一届世界运动会，开设 19 个项目。中国羽毛球队参加了其中的羽毛球比赛，这也是中国代表团参加的唯一的项目。

这里要稍提一下世界运动会的创办背景。奥运会作为世界顶级的综合性运动会，其举办的项目较为有限，一些等待进入奥运会项目的单项体育组织就想到一个办法，联合起来举办世界运动会，以扩大这些项目的世界影响力。奥委会也乐于看到这个更侧重于展示性质的综合性运动会举办，将其称为"二级奥运会"。由于世界运动会接纳的是非奥运会项目，因此每届比赛的项目都有不少变化。当时，羽毛球项目仍未列为奥运项目，也就顺理成章地成为世界运动会的一个比赛项目。

中国羽毛球队非常重视这次比赛，认为是参加 1982 年汤姆斯杯之前的热身赛，由王文教、侯加昌、汤仙虎等教练带着队员积极进行备战。

由于中国队在报名时还隶属于世界羽联，国际羽联每个项目只给中国留了一个名额，因此中国队只能选派非常有限的运动员参赛。相比之下，印尼队的阵容就强大得多，共有男单 4 名、女单 3 名，男双 3 对、女双 3

---

① 美国加利福尼亚州下属县。

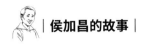 

对、混双 1 对参加。可以说，每个中国运动员都要面临"拍战群雄"的局面。

经过慎重考虑，中国派出的男单选手是陈昌杰，男双选手是孙志安、姚喜明，女单选手是张爱玲，女双选手是张爱玲、刘霞，混双选手是李矛、宋幼萍。

据侯加昌回忆，作为教练员，当时之所以选择陈昌杰出赛单打项目，是有充分考虑的。这位运动员较为年轻，名气远不如栾劲、韩健，容易让对手轻敌，其球路风格也不被对手熟悉，克敌制胜的机会更大。同时，这位运动员属于进攻型选手，进攻非常凌厉，有当年汤仙虎的影子，在只有一个选手参赛的情况下，其获胜的把握性更大一些。而且，中国队着眼的是要锻炼队伍，为来年的汤姆斯杯作准备，陈昌杰作为一个重炮手，就必须给他积累大赛经验的机会。

中国队高度重视这次比赛，为了能以最佳状态出战，提早 4 天到达美国，并在华侨集中的旧金山<sup>①</sup>进行适应性训练。当地华侨热情地接待了中国队，他们将自己开办的综合性体育馆华乐园免费对中国队开放，优先安排最好的场地供队员训练。热心华侨还充当起后勤队伍，跟随中国队到比赛地圣克拉拉，为队伍准备毛巾、茶水、水果。还有不少华侨闻讯赶到赛场，为中国队呐喊加油。据侯加昌回忆，当地的台湾同胞也非常关心中国队的成绩，常为中国队提供比赛信息，为他们的胜利表示祝贺。

---

① 旧金山，又称三藩市，离圣克拉拉只有 70 公里，大概 45 分钟车程即可到达。此地是当年华侨最先落脚的美国城市，华人是除白人之外人数最多的族群。

**3**

# 临场指挥

　　侯加昌作为教练员，在中国羽协加入国际羽联之后第一次临场指挥世界级赛事，此次赛事给他留下了永世难忘的记忆。

　　陈昌杰较为顺利进入四强，接下来的半决赛在下午，若能胜出就要在晚上决赛，连续进行高强度的比赛，对选手的体能有很强的考验。

　　在下午的比赛中，陈昌杰面对印度选手普拉卡什，比赛进行得异常激烈，虽然是直落两局取胜，但两局都打到加分赛，分别以 16∶14、18∶16 结束。打完半决赛之后，陈昌杰全身上下都湿透了，整个人就像从水里捞上来一样。比赛结束已经是傍晚 6 点，离晚上的决赛只有 1 个多小时的时间休息。

　　另一边的印尼选手林水镜表现欠佳，输给了丹麦选手弗罗斯特，于是决赛就在陈昌杰与弗罗斯特之间展开。

　　侯加昌在之前未遇过这个对手，对他并不熟悉，从半决赛到决赛的休场时间又短，无法进行战术备战，只有让陈昌杰尽量做些放松运动，积蓄体力进行决战。

　　决赛打响了。双方运动员来到赛场，开始竞逐桂冠。

　　陈昌杰的体力仍未恢复过来，在比赛开始不久，手腕就无法控制地抖动起来。

　　陈昌杰面对的对手弗罗斯特是一个技术全面、能攻能守的选手，他对

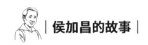

陈昌杰的进攻并不惧怕，陈昌杰往往要花很大力气，才能获得分数。两人在前两局比赛打成了1:1平，接着要进行第三局，决出最后的胜负。

在局间休息时，已看出对手球路弱点的侯加昌对陈昌杰说："对手防得好，不要过度下压进攻，要压住对手底线，等待机会再行进攻。"

此时的陈昌杰已经筋疲力尽，幸好他还年轻，咬住牙拿出最后的拼劲上阵。他按照侯加昌的指导，调整了战术打法，以防为主，抓住机会再行扣杀。对手也被陈昌杰的打法拖住，体力消耗得非常厉害。此时两人就像两头耗尽体力的困兽，就看谁的意志力更强，谁就能把对方置于死地。

两人的比分一直紧咬，一直打到7:7。此时，弗罗斯特突然发力，拿下了3分，将比分变成7:10。陈昌杰累得腿部抽筋，只能临时打封闭。在这个紧急关头，他凭着为国争光的强烈愿望，顶住压力与弗罗斯特对杀，又把分数追上来，之后反超为14:12，拿到了两个宝贵的赛点。

此时的他稍停了一下，控制了一下比赛的节奏。在开球之后，看到对手注意力稍有松懈，果断扣杀，一击将球杀到界内，以15:12取得胜利，夺得中国羽协加入国际羽联之后的首个世界冠军。

比赛完结后，陈昌杰就累倒在地，全身肌肉痉挛，队友激动地冲上场，为他做臂部和腿部按摩，以缓解他的痛苦。痛苦与喜悦交织在一起的他一直躺了1个多小时才有力气爬起来，拖着疲惫的身体回酒店。可见，他在比赛的最后时刻，用了多大的意志力才不让自己倒下去。

这同样是侯加昌指导的第一个世界冠军，看到弟子获胜，他的内心激动万分，为能不辱使命而自豪。他的内心也流露出一丝丝的悲凉，感慨自己生不逢时，未能如此荣耀地站到世界羽坛的最高领奖台。

但他来不及多想，又要全身心地投入男双的比赛中。

与男单不同的是，在男双决赛中，中国选手与印尼选手对决。印尼的选手纪明发、张鑫源被称为"双打奇才"，其实力相当强劲。

在赛前最后一次训练时，侯加昌发现姚喜明的发球很不稳定，说明他面临大赛，心中有包袱。在双打比赛时，如果发球的稳定性难以保证，很可能就会导致满盘皆输。

为此，侯加昌就把姚喜明单独留下来，亲自示范发旋转球的动作，并告诉他其中的要领，让他观察和模仿。姚喜明反复尝试，虽然动作与平常的习惯不同，但稳定性明显提高了。于是，他马上决定在比赛中使用这种新手法。果然，这种发球手法发挥了非常好的作用，以较明显的优势赢得了比赛，夺得男双冠军。

另外，女子单打和女子双打也夺得冠军。在这次比赛中，中国队总共夺得4个冠军，可谓满载而归。

美国之行，中国羽毛球队充分展示了雄厚实力，将几个羽毛球强国都挑于马下，使怀疑进入"后汤侯时期"的中国队实力的人心服口服。

第十六章

**圆梦汤杯**

## 1
# 首天落后

虽然在之前几场比赛中，中国都以微弱的优势取得胜利，但这些比赛的含金量都不及"汤姆斯杯"。各个羽毛球强队都憋着劲儿等着参加1982年的"汤姆斯杯"，准备在此赛场上一展身手、一较高下。

1982年5月10日至21日，第十二届"汤姆斯杯"在英国伦敦举行。此次比赛有中国和印尼、英国、丹麦、日本、马来西亚6支队伍参加。经过抽签，中国、丹麦和日本分成一组，印尼、英国和马来西亚分成一组。中国羽毛球运动员首次来到羽毛球的发源地英国进行比赛，并争取羽毛球坛最重要的奖项，其意义显得异常重大。

中国方面，教练团队由王文教、侯加昌、杨人燧、王晓、黄益中组成，可谓阵容强大。运动员包括栾劲、韩健、陈昌杰、孙志安、姚喜明、林江利、陈天龙、陈跃，把所有精锐都带去了。

老对手印尼方面，运动员包括林水镜、刘邦高、梁海量、卡托诺、哈里扬托、哈迪纳塔。当时，梁海量已经挂拍，为了此次比赛，印尼将他重新召回，担当第三单打。

综观两队，中国这边基本是新人，只有韩健、陈昌杰等与印尼打过硬仗，都没有多少大赛经验，获得的奖项也是少得可怜。而印尼那边，林水镜获得过3次的全英羽毛球锦标赛冠军，已被封为天皇巨星；梁海量则获得过8次全英羽毛球锦标赛冠军，是举足轻重的"球王"；卡托诺、哈里扬托组合是全英双打冠军。其阵容之鼎盛，确实让人不敢小觑。

第一轮比赛，丹麦战胜日本晋级，英国战胜马来西亚晋级。第二轮，在第一轮胜出的丹麦对阵中国，中国以8∶1的大比分战胜对手。印尼以同样的分数战胜英国。这样，在最终的决赛上，就由中国对阵印尼。

对于这次真正意义上的王者之战，外界给予了高度关注。

英国羽协主席琼斯说："要精确预测哪个国家胜出是非常困难的事情。因为两国的实力相近，又各有所长。谁的临场发挥更好将更有机会胜出。"

澳大利亚羽协秘书长巴克斯则说："中国队的单打强于印尼队，而印尼队的双打又略占上风，决赛的结果应该会是5∶4，但谁会是5，就不太好判断了。"从言辞中看出，大家都不敢贸然判断哪支队伍能够胜出。

不过，中国队之前从未参加过汤姆斯杯，作为首次参赛，其应对大赛的经验明显不及印尼队，这个短板让中国队的获胜系数大打折扣。

一场期待已久的龙争虎斗终于在伦敦的皇家艾伯特大厅①内上演。

在第一天的比赛中，中国队打得不顺利。先是爆破手陈昌杰以0∶2败于林水镜，之后韩健还以颜色，以2∶0战胜刘邦高。但接下来的两场双打均告负，栾劲、林江利组合以1∶2负于卡托诺、哈里扬托组合，孙志安、姚喜明组合以1∶2负于哈迪纳塔、林水镜组合。这样，中国队以总比分1∶3落后于印尼。

在以往的"汤姆斯杯"赛中，如果出现这种情况，落后的一队在第二天的比赛中往往兵败如山倒。因此，在第一天比赛结束之后，不少外媒都预测，印尼队已经胜券在握。印尼队的队员似乎也意识到这一点，队中气氛明显变得松懈起来，认为第二天只要正常发挥，就能轻松地赢得本局的汤姆斯杯。

中国队能不能渡过这一难关呢？

---

① 该建筑始建于1871年，仿罗马圆形大剧场的外形建造，主要用于音乐表演。

## 2

# 战胜梁海量

表现不佳的队员们心情沉重，连饭都吃不下。王文教和侯加昌看在眼里，安慰大家不要有包袱，吃完饭就回去好好休息。

几个教练员马上开会讨论在第二天如何应对比赛，这个会一直开到凌晨。教练组一致认为，首要的任务是振奋运动员的士气，让大家认识到，只要在第二天能够努力拼搏，取胜的机会还是有的。同时，各个教练员则要分散到各自对口的运动员那里，与他们共同分析对手的特点，研究应对的战术，务求让第二天的每一场比赛都紧咬对方。

回到房间之后，侯加昌辗转难眠，他想着如何对付梁海量。因为印尼队刻意把他隐藏起来，中国队员一直没有跟他交过手，对他的情况不太了解。而第二天的比赛中，他恰恰又是第一个出场，如果这一场不能打好，就会对中国队造成非常大的打击，可能导致满盘皆输。侯加昌又想到自己，当年自己之所以输给名不见经传的苏米拉，就是因为当时自己已经34岁，体力上比不上年轻选手，被拖到第三局时，即使战术运用得当，也因为体力原因无法彻底实施。那么，梁海量是1949年生人，当时已经33岁，与当年的侯加昌年龄相仿。更重要的是，梁海量实际上已经挂拍一段时间，这次是为了"汤姆斯杯"重披战袍，由于未能持续训练，他的体能肯定不如以往。如果抓住这个弱点，以"拖"字诀来对付他，应该就有胜算了。想到这里，侯加昌心中豁然开朗，心情也舒畅了不少。

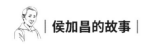

而林水镜呢？这已是老对手了，之前自己和自己的弟子都有战胜他的经验。就让韩健充分发挥自己的优势，对着林水镜的弱点打就好了。

把这些技术难点都想通了，侯加昌终于感到一丝丝倦意。

第二天早上，侯加昌将栾劲找来，跟他分析梁海量的特点，指出他的弱点所在，共同制定出战胜梁海量的战术。有了侯加昌的指导，这位年轻的运动员镇定下来，对接下来的比赛更有信心了。侯加昌接着又与韩健分析林水镜的情况，明确对阵林水镜的战术安排。这一切都安排妥当，侯加昌稍稍松了口气，一切就等待运动员在晚上的发挥了。

到了晚上，比赛如期开始，双方运动员进场。

印尼队明显变得轻松，他们嘻嘻哈哈，散漫地做着准备动作，还有队员急不可待地来到汤姆斯杯前合影留念，仿佛这个奖杯已经非他莫属了。

中国队则明显带着一股要来复仇的心态。

陈昌杰看着印尼队的举动，就对侯加昌说："不要笑得太早，谁笑到最后，才是笑得最好的。"

侯加昌点点头，拍拍陈昌杰的肩膀，鼓励他打好比赛。

第一场比赛是各自的三号选手对阵，由中国队的栾劲对阵梁海量。

侯加昌看着梁海量出场，心想：当年我和汤仙虎在的时候，你怎么就不出来比赛？现在好了，退役了还要回来参加汤姆斯杯，是不是认为没有了汤、侯的中国队，就是鱼腩球队？接下来，就让我的弟子让你尝尝中国队的厉害吧。

栾劲按照侯加昌与他共同制定的战术，一上来就以"拖"字诀与梁海量多拍来回，逮到破绽再行出击，首先拿下一局。

梁海量毕竟是经验丰富的老手，在看清了栾劲的战术意图之后，及时调整战术，以快打慢，又扳回一局。

到了第三局，梁海量的体力明显下降，栾劲抓住这一点，继续实施他的"拖"字诀，终于将梁海量打败，取得第二天比赛的开门红。比分追成2∶3。

首战胜利，鼓起了中国队的士气。

侯加昌紧紧地抱住栾劲，激动地说："小伙子，好样的，你成功了！"

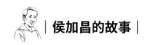 

# 3
# 追平对手

第二场比赛紧接着开场，双方的一号选手交手，由韩健对阵林水镜。

韩健在两年前的"谁是当今羽坛霸主"羽毛球争霸赛上，以微弱的优势战胜过林水镜，对他既有心理上的优势，也有战术上的了解。为了备战"汤姆斯杯"，这一年来韩健更是反复观看林水镜的比赛录像，对他的打法早已经烂熟于胸。

比赛一开始，韩健就以年轻人的冲劲儿，抓住机会就大胆扣杀，以15：12拿下首局。但林水镜经验老到，并没有被韩健的气势吓住，在调整战术之后，又以15：11扳回一局。

双方打成1：1。

侯加昌观察到，林水镜的体力已经开始下降，只要拖住对手，获胜的机会就很大。于是马上让韩健改变战术，以防守来拖住对方。韩健深得侯加昌防守的精髓，使出他的"牛皮糖"战术，用两边高吊高拉拖住对手，在防守中寻找到机会再行反攻，而对于林水镜的招牌动作——头顶杀直线绝招儿，更是一一化解。对于这种战术，林水镜明显不适应，越战越勇的韩健在第三局打得很顺手，很快就以14：9拿到了5个赛点。

比赛到了白热化的程度，场上观众都屏住呼吸，不少印尼官员紧张得不敢看比赛，跑到场外去吸烟。

但林水镜毕竟是经验老到的名将，他在关键时刻并不慌乱，一分分地咬，竟然连追 5 分，硬是将比分打成 14：14 平。比赛被拖进加分赛。

接着就是激动人心的时刻了。

韩健发球之后，猝不及防地来个大力扣杀，取得 1 分。

接着，林水镜也以牙还牙扣杀，可惜失误落网，韩健再得 1 分。

在最后 1 分，双方都不敢轻易进攻，在对拉了几球之后，韩健果断大力扣杀，这球似乎有着灵性，在碰到网带时努力前冲，竟然翻了个跟斗，跃过网线。这是一个擦网球！林水镜来不及接球，球落到他的界内。韩健再得 1 分，17：14！

韩健再次以微弱的优势战胜林水镜，使中国队与印尼队的大比分打成 3：3 平。

中国队员们高兴地鼓起掌，但知道离最后胜利还有一段距离，相互暗暗鼓劲儿，要把乘胜追击的势力保持下去。

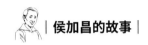 

# 4
## 夺得汤杯

接下来还有三场比赛，谁先拿到2分，就可以摘得桂冠。

第三场是双方的二号选手交手，由陈昌杰对刘邦高。虽然都是二号选手，但陈昌杰的锐利明显优于对手。当年在世运会上，他就是用一记记重球扣杀，把丹麦队名将弗罗斯特杀于马下，为中国队立下汗马功劳。这一次，陈昌杰的重炮更加凶猛，经过岁月的磨砺，也更显沉稳。再加上陈昌杰具有身高的优势，刘邦高显然无法应对陈昌杰的重炮，很快就以2∶0败下阵来。

在第二天的前三场单打比赛中，中国队神奇地以三连胜把局面扭转过来，以4∶3反超印尼队。

印尼队被突如其来的变化打乱步调，队中的士气变得低落，全然不见刚开赛时的轻松、乐观情绪。

接下来的两场双打比赛成为全场的关键。

第四场由孙志安、姚喜明组合对阵卡托诺、哈里扬托组合。卡哈组合曾获得全英羽毛球锦标赛的冠军，具有丰富的作战经验。而孙姚组合的大赛经验虽然略逊于对手，但胜在两人搭配时间长，配合默契。

这又是一场恶战。此时的卡哈组合明显带着紧张的情绪，担心自己输了变成千古罪人，在比赛中变得缩手缩脚。相反，孙姚组合则迸发出高涨的情绪，在默契的配合下快速进攻，连连取得胜绩。孙姚组合连下两局，以 2∶0 战胜卡哈组合。

中国队以 5 分的大比分率先锁定胜局。

场上的中国运动员和教练员激动地跳起来，相互庆祝着胜利的到来。是啊，为了等待这一天，几代中国羽毛球运动员拼搏了多少个日夜！侯加昌这代运动员已经具备了问鼎顶峰的实力，但因为政治，只能被排挤在主流比赛之外，被人称为"无冕之王"。这个称号虽然好听，但终究带着无奈，也不能写进历史。侯加昌就是带着这样的遗憾退役的。幸好，他的弟子赶上好时光，很快就有了第一次冲击"汤杯"的机会。他们虽然面临压力，在第一天的比赛中处于绝境，但仍然顽强拼搏，第二天直落四盘，顺利夺得汤杯。正如陈昌杰所说，谁笑到最后才是笑得最好的。现在，他们可以欢快地、自豪地笑了，场中央静静安放的汤姆斯杯也成为他们的囊中之物。

接下来的第五场比赛变成鸡肋，但按照赛制，仍然需要进行。这场比赛由栾劲、林江利组合对阵林水镜、哈迪纳塔组合。双方都没有多大的兴致投入比赛。最后，林哈组合以 2∶0 战胜中国选手。

中国队以 5∶4 战胜劲旅印尼队，历史上第一次夺得汤姆斯杯！

# 5

# 登上奖台

在领奖台上，英国女皇伊利莎白二世亲自为中国队颁奖。中国队员们高高举起"汤姆斯杯"。侯加昌作为教练员，也获得一枚金光闪闪的冠军奖牌，这块奖牌的分量超过之前他在运动员时代获得的所有奖牌。这是自"汤姆斯杯"赛举办以来，第三个获此殊荣的球队，前两个球队分别是印尼队和马来西亚队。组委会郑重地在汤姆斯杯上刻上"People's Republic of China"[①]的字样。

中国领队第一时间向上级汇报赛果，国家体委发来贺电。紧接着，中央人民广播电台宣读这封贺信，中国队夺得"汤姆斯杯"成为当天国内各大媒体的头条新闻。当时没有微信等自媒体，否则一定会在网络上炸屏。即使是这样，信息瞬间就在全国人民中广泛传播开来。全国上下掀起了一股学习中国男羽、投身羽毛球运动的热潮。

中国队的历史性突破，惊动了世界羽坛，各国媒体纷纷报道了这件事，并作出非常正面的评价。

路透社评论道："中国队打了个出色的反击战。此战打破了印尼队对国际羽毛球男子团体赛的垄断地位。"

法新社评论道："中国队的胜利把他们的名字载入了史册，这对印尼是一个非常沉重的打击。"

---

① 中华人民共和国的英文全称。

被打败的印尼队领队尤福不得不承认："中国队获得冠军是当之无愧的，他们打得太好了。这预示着一个时代的结束。"

英格兰领队评论说："这是'汤姆斯杯'赛40多年来最高水平、最精彩、最扣人心弦的一场比赛。没有任何一个队，在决赛1：3落后时能连扳4分。中国真是创造了奇迹。"

中国队胜利归来，时任副总理的万里同志在中南海紫光阁接见了全体运动员。万里同志与运动员一一握手，亲切交谈。

万里同志说："你们首次参加就夺得冠军，在汤姆斯杯上刻上'中国'的名字，这是80年代我国体育战线的又一次重大胜利，全国人民都很高兴。今后，还要争取在这个奖杯上刻上更多的'中国'名字。你们有没有信心？"

听到此话，运动员们异口同声地说："有信心！"

万里同志又对侯加昌等教练员说："你们是五六十年代回国的印尼华侨，也是我国最早一批羽毛球运动员。正是有了你们，中国羽毛球才能在短时间内有了翻天覆地的转变。而今，你们又站到教练员的岗位上，继续为羽毛球事业作贡献。国家感谢你们！"

听着万里同志的话，侯加昌激动万分，深感自己一直以来的付出都是值得的。他终于通过自己的努力，以另一种方式圆梦"汤杯"，泉下的侯父应该得以告慰，远在香港的侯母知道这个消息也会心感欣慰。

在全体合影时，侯加昌有幸站在万里同志的身边，留下难忘的一刻。后来，侯加昌还特意捧着汤姆斯杯照了一张个人照，并将这张照片放大，放在家中的显眼位置。

事后回顾这次比赛，印证了骄兵必败、哀兵能胜的道理。虽然印尼队

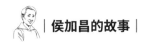 

在首日取得优势，但不应该马上放松，认为中国队的实力不过如此。而在第二天的比赛中，被中国队顽强反击，又出现心理波动，控制不住场面。反观中国队，虽然参加大赛的经验不足，参赛运动员又是名不见经传的新人，但都有一股为国争光、舍我其谁的勇气与决心。而教练员也能沉着分析对手情况，及时调整战术，给予运动员强大的心理鼓励与技术支持。正是在上下同心的配合下，中国队在第一次参加汤姆斯杯比赛就创造了历史，获得杯赛冠军。

不过，这仅仅是一个好的开始，中国羽毛球队还要继续在征途上驰骋，上演更多更精彩的大戏。

第十七章

# 一喜一悲

# 1

# 首夺尤伯杯

时间过得很快，转眼到了 1984 年，又是举办"汤姆斯杯"和"尤伯杯"的比赛年。

这一年的举办地在马来西亚首都吉隆坡。这一次，男子羽毛球队和女子羽毛球队同时进入决赛圈。这是中国女子羽毛球队第一次向"尤伯杯"发出冲击。此前，美国队获得 3 次冠军，日本队获得 5 次冠军，而印尼队则获得 1 次冠军。中国队能不能改写历史呢？国内外媒体都给予了高度关注。

必须提一下，1984 年的比赛，两杯的比赛赛制作出了重大改变，由原来的 9 场比赛改为 5 场，分别为 3 场单打和 2 场双打，而且 5 场比赛必须在同一天内完成。各国球队必须按照当时的世界排名，排出第一单打、第二单打、第三单打、第一双打、第二双打及替补的运动员名单。每个运动员最多只能参加一场单打和一场双打比赛。绝对不允许世界排名靠前的选手担任后位单打或双打比赛任务。

这一改变主要是适应参加杯赛的国家日益增长，减少比赛持续的时间，以减轻参赛队伍的负担；同时，在一个单元时间内完成一场比赛，也有利于电视转播比赛。

此次参加"尤伯杯"的队伍有 8 支，分别是中国、日本、印尼、马来西亚、韩国、英格兰、丹麦、加拿大。经过抽签，英格兰、韩国、马来西

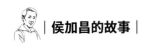

亚和加拿大被分到第一组，而中国、丹麦、日本和印尼被分到第二组。

中国队由汤仙虎作为教练员，派出了李玲蔚、韩爱萍、张爱玲、林瑛、吴迪、徐蓉、吴建秋、钱萍参赛，这些队员都曾在世界性赛事上获得名次，甚至取得冠军，其实力不容小觑。

中国女队以 5：0 战胜印尼队，又以同样的比分战胜同组的日本队和丹麦队，以小组头名出线。接着在半决赛中，又以 5：0 的分数打败韩国队。至此，中国队未输一局，令各国运动员以及媒体都大为惊讶，这是一支怎样的神奇队伍！

在决赛中，中国队的对手是英格兰队。这次比赛，人们猜测的不再是谁能取得胜利，而是中国队能不能保住一场不败的战绩，继续以 5：0 获得胜利。

果不其然，中国队再次以 5：0 战胜英格兰队，实现了"尤伯杯"赛场上一场不失的奇迹。

赛后，外界媒体评论道："场上一边倒的形势使中国女队在国际羽坛上牢牢地站稳了脚跟。要从中国女队手中夺回尤伯杯谈何容易！"

确实如此，在之后的四届比赛，中国队蝉联冠军，后又在 1998 年至 2008 年的 6 届比赛中蝉联，成为"尤伯杯"历史上获得冠军最多的球队，造就一个羽坛神话。

# 2

# 痛失汤杯

与之相反，中国男队在这次杯赛中就没那么好运了。

由于赛制的改变，单打由原来的 5 场缩减为 3 场，对于中国队这种单打强、双打弱的球队来说，无疑是一次挑战。

中国队派出的单打选手依次为韩健、栾劲、杨阳，双打选手为孙志安、田秉义组合，蒋国良、何尚全组合。当时，韩健已成长为中国队第一主力，被国人寄予厚望。而两个双打组合不算出色，教练组的考虑是，全力拼好 3 对单打，就能完成任务了。但是，此时的韩健虽然头顶光环，但也如当年侯加昌对阵苏米拉时一样，身受伤病困扰，但他仍然坚定地站出来，挑起对决印尼第一高手的重任。

第一个上场的栾劲对阵的是林水镜。这是一场非常艰苦的比赛，教练员都为栾劲捏一把汗。但栾劲还是顶住压力，以微弱的优势取得胜利。

有了首局的胜利，全队士气大大提振，虽然之后在双打比赛中输了球，但中国队仍然信心满满地把宝押在剩下的两场单打比赛上。

接下来上场的是新秀杨阳。1963 年出生的他，当时 21 岁，一年前才入选国家队。他对阵印尼队的苏吉亚托让人们有点担心。但令人意外的是，杨阳以其流星闪电式的击球，非常轻松地战胜对手。局势似乎变得明朗了，只要韩健发挥稳定，这个冠军就是中国队的囊中之物。

第四场的双打比赛中国队输了，比分战成 2：2 平。

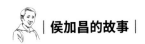

全场的焦点放在最后一场单打上，由韩健对阵阿比。此时的韩健因伤病，体能明显跟不上，在苦战三局之后，最终未能战胜对手。

赛后，侯加昌深入反思，认识到韩健在赛前出现伤病，这是一个主要原因，另一个原因则是教练的问题。韩健康复期间影响了训练，此时已临近比赛，大家都不免着急，就加大了运动量，这样最终导致在比赛时，韩健未能进入最佳状态。侯加昌深刻地认识到，自己的指挥素养还要好好加强，这是一条全新的赛道，不能仅以运动员的经验"吃老本"。只有这样，才可能带领中国队由一个胜利走向另一个胜利。

回国之后，教练组对整个中国队的实力进行了全面评估，认为必须加强双打的实力。侯加昌开始物色新的苗子，以补齐中国队的短板。

第十八章

**双杯闪耀**

# 1
# 积极备战

教练组在物色双打苗子时，李永波进入王文教的视野。李永波在 1984 年的丹麦羽毛球公开赛上与田秉义配档夺得世界冠军。但此时，由于一些原因，李永波要被退回省队。爱才心切的王文教综合衡量之后，还是坚持将李永波留下来。想不到，这次决定为下一届的"汤杯"埋下伏笔，也在 9 年后再次影响到中国羽毛球队的走向。另外，在单打方面，侯加昌培养出杨阳、熊国宝这样强有力的新人，支撑起今后几届冲击汤杯的主力阵容。

这是一段铺垫，下面就来谈谈 1986 年第十四届"汤姆斯杯"的争夺。中国队的排阵后来被香港《明报》称为"羽毛球史上一次最明智且小心计划的赌博"。

当时，中国队内隐患重重，队中的主力赵剑华因为伤病暂时退出国家队，这种变数就迫使中国队必须好好地排兵布阵，才有可能战胜强大的印尼队，重夺汤姆斯杯。

为了激励斗志，当时的训练馆中，挂着一条巨额的标语，上面写道："距四月二十二日——五月四日汤、尤杯决赛已为时不多了，你在紧张战备、夺杯卫冕、为国争光中做些什么贡献？"在标语的下面摆着一块黑板，上面经常更新来自各方媒体的报道和评论，还贴着一些来自祖国各地球迷的来信。这些都在激励着运动员们全身心地投入训练备战。

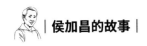 

　　教练组也没有闲着，他们考虑的是如何避己之短、克敌之长。

　　在赵剑华伤病之后，第一单打就成为一个棘手的问题。当时，教练组中有两种选择。其一是让韩健出战，这种选择的弱点在于，当时韩健已是老将，状态不是太好，侯加昌想到当年他对阵苏米拉痛失冠军的情景，对这个选择心存疑虑。其二是让年轻的杨阳担纲，好处是对方极可能会出苏吉亚托为第一单打，而杨阳与苏吉亚托的交战史是全胜的，他有较大胜率打败苏吉亚托。教练组在充分衡量优劣之后，决定大胆使用第二种方案。

　　但是，按照组委会的规则，一号至三号单打的排位，不能由自己随意定，必须按最新的国际排名。不过，这个排名也不一定是实力排位，因为排名要算积分，想在排名上靠前就需要运动员积极参加各种杯赛。但在汤杯来临之际，各个队伍为了保证种子选手的体力，避免伤病出现，往往会适当减少其参赛次数。这就有了可操作的空间。

　　教练组重点推韩健参加各类大赛，韩健很快就推到世界第一的排名。在明牌上，大家都认为，韩健将是中国队的第一单打无疑，都在研究如何去对付这个第一单打。

# 2
# 排兵布阵

作为本届赛事东道主的印尼队对这次冠军志在必得，早早地开始谋划比赛。他们占尽了天时地利人和的优势，但谋划水平与中国队相比，还是技逊一筹。他们看到韩健的凶猛，心中也有点打鼓，担心四年前韩健力克林水镜的剧情重演，于是他们将林水镜往后收，把苏吉亚托顶到前头。这个苏吉亚托是年轻选手，胜在体力充沛，就是针对韩健体力不足的弱点而来的。

印尼队排出的第二单打是刘邦高，这个选手的特点是头三板斧，技术虽然粗了点，但胜在势沉力猛，能顶得住这三板斧的人并不多。第三单打才是林水镜，以他的实力，只要避开韩健，就可以说是难有敌手了。把他放在第三位，还有一个考虑，林水镜要担起第二双打的责任，与实力较弱的叶忠明配对，力保在双打中拿到1分。

应该说，印尼的算盘也是打得很响的，而且他们自认为这种天衣无缝的安排就能把冠军收入囊中。

于是，全国上下都沉浸在卫冕冠军的氛围中。

一些政府官员常常去印尼队中探班，为他们打气。印尼队集体到寺中朝拜，希望获得神力。他们还集体宣誓，然后捧着仍然在手中的汤杯，坐在敞篷车中游遍雅加达的街道，仿佛在预演庆祝胜利的节目。

印尼队的高兴似乎太早了，就如4年前的第十二届"汤姆斯杯"赛那

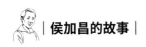 

样，仅仅以 3 : 1 暂时领先，就已沾沾自喜。这次，他们将犯同样的错误。

印尼队的设计已经很明显了，如何应对这种设计呢？中国队还要考虑其他场次的人选，一定要确保拿到 3 分。

这一步可能是印尼队想破头都想不到，中国队硬生生把一对双打丁其庆和熊国宝给拆了，分作第二、第三单打。充当第一双打的竟然是张强、周金灿组合，而理应实力最强的李永波、田秉义组合则排到第二去了。

决赛圈的比赛时间到了，各国都齐聚雅加达。

"汤姆斯杯"与"尤伯杯"同时开赛，两杯又稍为错开，先"尤"后"汤"，这样就可以既保证比赛的连贯性，又让各队选手有更多的休息时间。

中国女队的实力非常明显，一路过关斩将，很顺利地走到决赛。而中国男队前面虽然有一些硬骨头，也都被一一挑于马下。特别要注意的是，"烟幕弹"韩健一直冲在最前头，一副头把交椅非此人莫属的架势。印尼人更加坚信自己的判断了，他们的男女两队也一直通关，双双走到决赛。于是，一幕奇观出现了，在两个杯赛的决赛上，都是由两个国家进行争夺。一时间，全世界的目光都集中到雅加达。

**3**

# 先声夺人

5 月 3 日，迎来尤伯杯决赛，由中国队对阵印尼队。

中国队的第一单打李玲蔚对阵印尼的李英华，李玲蔚以 2：1 拿下 1 分。

接着是第二单打对阵，由中国的韩爱萍战印尼的拉蒂夫，韩爱萍也很轻松地就将她拿下。

第三单打之战紧接着开始，由中国的吴健秋战印尼的维拉华蒂。

开始时，吴健秋受制于对方的底线球，改变战术后反败为胜，又将对手拿下。这样，3 个单打已拿下 3 分，后面两盘双打已无关紧要，印尼队挽回面子式地拿到 2 分。最终，中国以 3：2 获得胜利，首次蝉联"尤伯杯"冠军。

中国女队打响头炮，接着就看中国男队了。

5 月 4 日的塞纳杨体育馆，如同节日一般热烈，印尼的球迷们涌进馆内，准备见证其球队夺冠的激动时刻。后来，担任过多届裁判员的郁鸿骏[①] 回忆，现场的印尼球迷非常疯狂，"许多印尼观众脸涂红色，光着上身，鼓动声不断"。如果遇到与宿敌比赛，而对手的球迷也不少时，主办方就要将这些球迷分隔在不同区域，以防止出现骚乱的事故。

---

① 郁鸿骏，中国羽毛球资深裁判员、国际羽联 A 级裁判，长期代表中国羽协参加国际羽毛球赛事的裁判工作，在 1998 年、2000 年的"汤""尤"杯赛中担任副裁判长一职。

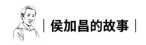

　　还有很多抢不到票的观众聚集在场外的大屏幕前，希望能一同参与这次盛会。更多的印尼市民则围在电视机前，目不转睛地看着比赛直播。

　　在开赛前，双方交换比赛名单。中国队拿到名单一看，正是意料之内的安排；而印尼队拿到名单一看，一下子蒙圈了。韩健去哪儿了？第一单打竟然由第二单打杨阳顶上。中国队不是要自废武功吗？这个葫芦里到底卖什么药？直到此时，印尼队仍然没有读懂这份名单的深义。

　　时间不等人，未等印尼队明白过来，比赛开始了。两队的第一单打对阵，由杨阳战苏吉亚托。

　　苏吉亚托非常壮健，势大力沉，但与灵活快捷的杨阳相比，就如同大象遇到了猎豹，根本无法与之相抗衡。在第一局，苏吉亚托还可以稍作抵抗，拿到 7 分才输掉比赛。苏吉亚托瞪着圆眼愤怒地吼叫着，但这又有何用，只能使他陷入更深的混乱之中。

　　到了第二局，完全掌握节奏的杨阳根本没有再给苏吉亚托机会，以 15∶1 非常轻松地取得胜利。看到第一场比赛的结果，场上不少观众无比失望，不住地以嘘声来打击中国队，希望借此帮助主队赢得胜利。中国队也是久经战阵的队伍，又怎会被这些嘘声吓怕？

　　第二单打的比赛紧接着开场了。对阵的是丁其庆和刘邦高。刘邦高以三板斧著称，凶狠的大力扣杀威力巨大，他以 15∶12 先下一局。年轻气盛的丁其庆并不惧怕，在侯加昌的指导下，利用战术在第二局还以颜色，以 15∶11 扳回一分。双方打成 1∶1 平。

　　到了第三局，惯于双打比赛的丁其庆体力明显不支，很快地以 1∶15 就败下阵来。

　　两场单打对决中，中国和印尼各取 1 分，接下来的第三单打对决就变得异常关键了。

# 4

# 拉锯苦战

第三单打的比赛在熊国宝与林水镜之间展开，一个名为"国宝"，另一个是印尼国宝，两个国宝相遇，谁才是真正的国宝呢？

在比赛之前，侯加昌已对熊国宝面授机宜：林水镜最大的弱点就在于体力不足。因此，这场比赛要完成两个任务，一是争取赢球，二是争取消耗林水镜的体力。为了消耗体力，就要用"拖"字诀，每球都要拉锯战，尽量调动林水镜满场跑。而消耗了体力的林水镜，越到后面的胜算就会越少。

虽然这是一项非常艰巨的任务，但熊国宝并无惧色，严格执行教练的作战意图，一上来就与林水镜苦战。

林水镜的噩梦开始了。

其实这是一手险棋，万一熊国宝顶不住林水镜的攻势，很可能导致满盘皆输。但羽毛球的魅力就在于此，从牌面上看，林水镜的水平要高于熊国宝，但当对手有针对性地打你的弱点，你又想不出破敌的计谋时，就很可能吃亏。当年苏米拉连续把汤仙虎、侯加昌挑下马，侯加昌以高龄战胜林水镜，其中的秘诀都在于此。而此时，侯加昌也要运用对策，将印尼队这名国宝运动员拿下。

不过，对策是一回事，能否贯彻执行又是另一回事，必须选择一个合适的执行者，将作战意图不折不扣地执行下去，才有可能使战局朝着对自

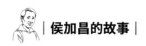

己有利的方向发展。侯加昌慧眼识人，选对了熊国宝做这枚狙击手棋子。

林水镜是印尼国宝，他一上场，马上得到全场观众的热烈追捧，一浪接一浪的欢呼声着实把熊国宝叫得有点蒙。林水镜久经战阵，当然不会因为观众的追捧就轻飘飘，忘乎所以，但确实获得了更大的动力，主动控制起比赛节奏，希望一举把这名小将拿下。

熊国宝早有预计，在顶住林水镜的攻势后，很快就稳住阵脚，不受林水镜的节奏影响，而是按着侯加昌的安排与林水镜打起持久战。

一开始，林水镜体力充沛，虽然面对熊国宝的顽强抵抗，仍然压着来打，从 4：2，到 8：5，再到 11：7，一直在扩大战果。但随着战斗的深入，林水镜开始出现体力不支，熊国宝抓住机会一分分地往上追，一直追到 11：12。时间一分分地过去，林水镜的体力一点点地消耗，熊国宝乘胜追击，用来回对拉的方式调动着林水镜。此时，林水镜只有招架之功无还手之力。熊国宝以 15：13 拿下第一局。大家看一下时间，这局竟然用了整整 40 分钟。

场下的侯加昌看到战术得手，就指点熊国宝继续沉住气，不要过快结束战斗，直到把林水镜力气耗尽。

当然，林水镜也不是吃素的，他知道对方的意图，尽力改变战术，希望不被熊国宝耗尽体力。第二局一开始，林水镜利用场下休息稍稍恢复的体力，就用自己的凌厉快攻打对方，希望尽快结束战斗。场上的比分一度打成 6：3，由林水镜领先。场上的观众拼命地为偶像喝彩，希望帮助一起打倒熊国宝这个不识趣的毛头小子。

但熊国宝不吃这一套，继续顽强地执行着既定战术，不慌不忙地与对方纠缠，每一球都要拖上好几个来回。

　　胜利的天平一点点地往熊国宝这边倾斜。最终，熊国宝赢得比赛。下场时，侯加昌用力地拍拍熊国宝，这个国宝真是宝，出色地完成了任务。此时的熊国宝并没有为自己的小胜而得意，他关心的是下面两场比赛的进展。

　　此时，中国队以 2∶1 领先。场上的观众开始感到一丝丝不妙，但仍然寄希望于接下来的两场双打比赛。双打一直以来是中国的弱项，只要将两场双打拿下，印尼仍然可以有惊无险地夺得桂冠。

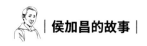 

# 5
# 最后一击

　　第四场双打比赛，由中国的张强、周金灿组合对阵印尼的纪明发、陈财富组合。纪陈组合是世界劲旅，张周组合的实力明显不如。这场比赛从最后得分上看，似乎没什么问题，13：15、8：15，但看一下时间，竟然只用了半个小时，连上一场比赛的一局时间都不到。

　　双方战成 2：2 平。

　　决定赛果的第五场双打比赛接踵而来，来不及休息的林水镜只好继续披挂上阵。此时的他仍然没从第三场的苦战中缓过气来。事后，有人这样描写当时的林水镜：林水镜身上的汗还没落干，飘逸的黑发早已失去了潇洒，浸透了汗水披在肩上。

　　直到此时，印尼的教练员以及场上的观众似乎才恍然大悟，中国队的计中计真是高招儿，原来大有胜算的第二双打对决马上变得胜负莫测。

　　有场上的观众给林水镜送来印尼国旗，林水镜悲壮地高举国旗，向场上的观众招手示意。

　　中国队的李永波、田秉义已经等候多时，此刻的他们如下山的老虎一般跃上赛场，与疲惫的林水镜形成鲜明的对比。

　　但林水镜仍然表现出了不可思议的耐忍性，而搭配的叶忠明也超水平发挥，积极承担起全场大部分的攻守任务。两次抽筋的林水镜执拗地与对手争夺每一分，有一球双方居然交换了 17 次发球权，有一球已无力抢到位的林水镜竟然使出掷拍救球的非常规动作，真是把命都拼出来了。场上的观众看到呼吸都凝住了。而场下的侯加昌也在暗暗为运动员鼓劲儿：一定要咬住，胜利就在前头！

此时的赛场，就如朝鲜战场上的上甘岭，就看谁坚持得住，抢先到达峰顶，胜利就属于那一方。

李田组合终于不负众望，以 15∶12 艰难地拿下第一局。

第二局比赛，形势明显向着中国队倾斜。一开局，李田组合就大幅领先对手。但林叶组合仍然苦苦追赶。又是一连串的交换发球相持，林水镜以惊人的意志坚持着，绝不放弃每一分。

但林水镜的体力已经消耗殆尽，后面的比赛变得没有悬念，只是到底以怎样的比分结束比赛。场上的观众也变得绝望了，纷纷退场，不忍看到主队失败的一幕。

比分打到 14∶5，中国队拿到了 9 个赛点，只要有一个绝杀，就能结束战斗。

林叶组合并没有因此放弃，继续坚强地抵抗着，来来回回地交替着发球权。那一刻，全世界的观众，不管原来支持哪一方，都为林水镜这种超人的意志力而动容，这无愧是最出色的羽毛球手，胜负已经不重要了，人们会永远记住这个流尽最后一滴汗仍然顽强地站在赛场上的英雄。场下的侯加昌也情不自禁地佩服起这位对手，经过多年征战，林水镜已不似首次与他对阵时的脆弱，显得非常坚毅，就如一位要与城池共存亡的将军。

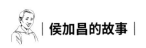
　　终于，随着李永波的一记重扣，比赛定格在 15∶6，中国队取得胜利，夺回了汤姆斯杯。

　　侯加昌和他的运动员们激动地冲上赛场，与场上的队友热烈地拥抱，庆祝这个历史性时刻。

## 6
## 庆祝胜利

在最后的颁奖仪式上，印尼羽总主席特里·苏特里斯诺红着眼圈给中国队授汤姆斯杯，内心作何感想只有他知道。

当人们请他发表观感时，他用沉重的语调说："我们的队员已经竭尽全力，我们败给了一支比我们更强的队。"

侯加昌再一次站在"汤姆斯杯"领奖台的最高处，他的心情翻涌，回想起准备过程的一幕幕场景。是的，他为这次汤杯付出了太多太多，但在这一刻，所有的付出都是值得的。

在这场比赛中，所有运动员都是英雄，我们记住了胜利者，同时也记住了那个悲壮的失败者。

这是中国首次同时夺得双杯，原来是为东道主准备的一切，都成为中国队的背景。胜利的消息很快传回国内，人们在电视机前看到运动员们拼搏的英姿，看到他们取得胜利之后流出的欢乐泪水，看到他们举起金光闪闪的奖杯时自豪的神采。

中国队捧着奖杯回到代表团驻地，国际羽联副主席吕圣荣同志早已在宾馆门前等候，她亲切地与教练员、运动员一一握手，祝贺他们凯旋。

中国羽毛球队回到国内，受到英雄般的欢迎。国家领导人来到北京体育馆会见运动员们。

这一年正好是中国羽毛球协会成立 30 周年。国家体委在福州召开第

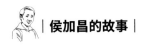 

三届全国羽毛球训练工作会议，其间举行了中国羽毛球协会成立 30 周年庆祝活动，对 30 年来为中国羽毛球事业作出卓越贡献的个人和集体进行表彰。侯加昌作为国家体委训练局的代表获得这一殊荣。与此同时，国际羽联向侯加昌颁发了"卓越贡献奖"，由国际羽联副主席罗伊·沃德、国际羽联理事楚斯迪安代表国际羽联进行颁奖。经此一役，国际羽坛给侯加昌封了一个"鬼才教练"的称号。

全国侨联主席张国基得知中国羽毛球队获胜的消息，欣然题写了一首《虞美人·祝贺我男女羽毛球队双双荣获冠军》：

羽球飞到雅加达，大战随爆发。丹瑞新马朝日英，中印各方名将比输赢。

拉高吊底快勇杀，攻守多变化。中华儿女显神威，双双夺冠捧回汤尤杯。

# 7

# 角逐亚运

1986 年是中国羽毛球的高光时刻，人们都记住了勇夺双杯的荣光。在这一年，还有一场重要的体育盛会——在韩国举行的第十届亚运会。在亚运会的赛场上，中国羽毛球男队就没有这么幸运了。

究其原因，不是中国队实力不行，而是韩国队使了不少阴招儿。先是韩国男队与中国男队在团体半决赛相遇，靠着裁判的帮助，硬是把杨阳和赵剑华两员主将拿下，最终淘汰中国男队。这一胜利让韩国人欣喜若狂，以为还可以用同样的方法在单打比赛中得逞。

事后，侯加昌回忆说："这比赛简直没法打，对方出界一尺，居然还被判界内。"不过，他在运动员面前没有渲染这种委屈情绪，而是马上帮助运动员们调整心理状态，一是正确对待挫折，二是正确对待裁判，关键是把自己的事情做好，不让对手和旁人有耍手段的机会。

到了男单比赛，杨阳与韩国的成汉国相遇，他们两人在团体赛中就较量了一次，让杨阳领教了韩国人的"厉害"之处。这次，他早早作好准备。

杨阳憋足了劲儿上场，一上来就给对方迎头痛击，根本不让对手有还手之力，很快就以 15∶7 拿下第一局。

第二局，成汉国奋起直追，紧紧咬住比分，而场外的司线员也不露痕迹地帮忙，明明是出界，硬是判为界内。当时没有电子天眼，全凭司线员

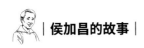 

说了算。比分战成了 14：14。此时，只要稍不小心，团体赛上的失败就会重演。

经过侯加昌的开导，杨阳不再在意裁判的判决是否正确，将全部的注意力都放在手中的拍上。此刻的他仿佛是在训练，把每一个动作都精准到位地做出来。司线员已经没有帮助的余地，而成汉国只能对杨阳的来球疲于奔命地救。杨阳硬是连得 3 分，一点机会都不给对方，夺得了决赛权。

而另一边，伤愈复出的赵剑华越战越勇，在半决赛上把印尼队的头号选手苏吉亚托挑于马下，与杨阳在决赛中会师。

最终，赵剑华战胜杨阳，获得了亚运会羽毛球男子单打冠军，保证了在羽毛球的男子项目中不吃零蛋。

对于这个结果，国人的眼睛是雪亮的，并没有指责运动员，而是非常理解地给予胜利与失败的运动员以掌声。

第十九章

**鼎盛时期**

# 1
# 称霸锦标赛

随着新人的成长和双打短板的补齐，中国羽毛球迎来空前的鼎盛时期。其中，杨阳、赵剑华和熊国宝更被称为中国男羽的"三剑客"。

在 1987 年，最受羽坛关注的是第五届世界羽毛球锦标赛。这届锦标赛在北京举行，轮到中国队占尽天时地利人和。在比赛中，无论是中国男队还是中国女队都大放异彩。我们下面着重说一说男单的比赛。

在这次男单比赛中，当时号称 20 世纪 80 年代羽坛四大天王的选手都齐聚一堂，他们包括中国的杨阳、赵剑华，印尼的苏吉亚托，丹麦的弗罗斯特。他们被大赛安排到不同的组，也都顺利地在半决赛齐聚，这是四大天王最后一次在大赛中聚首四强赛。

两场半决赛同时在一个馆中展开，1 号场由杨阳对阵苏吉亚托，2 号场由赵剑华对阵弗罗斯特。中国队的想法是，争取中国选手在两场比赛战胜对手，把冠军稳稳地收入囊中。

在 1 号场上，杨阳可谓占尽优势，只用了 20 分钟，就以 2：0 把苏吉亚托挑翻在地，使这位已显英雄迟暮的天王输得心服口服。

但在 2 号场上，赛果则不太妙。弗罗斯特似乎把赵剑华研究得非常透彻，以坚固的防守应对来自赵剑华的攻击，并迫使对方进入多拍来回的局面。赵剑华显然不太适应这种多拍来回，情绪变得越来越急躁。这种急躁可能也与相邻场地杨阳早早结束战斗有一定关系。但弗罗斯特完全不着

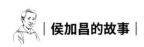

急，就按着以慢打快的节奏来打，一点点地积累胜果。最终以 2：0 的分数战胜赵剑华。被打蒙的赵剑华到了休息室也没有缓过神儿来，只有长叹可惜，不能在自家门口实现夺标的愿望。

接下来是男单的决赛，由杨阳对阵弗罗斯特。

此时的杨阳真是锐利无比，一上场就给弗罗斯特下马威，把比分一直拉开，很轻松地拿下首局。在第二局，弗罗斯特虽然有心力撑，无奈找不到杨阳的弱点，反而被杨阳牵着来打，比第一局更快地结束了战斗。万众期待的一场恶战就这样松松垮垮地打完了，对于球迷未免不够过瘾。

在这次锦标赛上，中国队把男单、男双、女单、女双、混双 5 项比赛的冠军全部收入囊中，其风光现在看来都让人感到炫目。

而在同一年举行的第七届亚洲羽毛球锦标赛上，也非常轻松地夺得男子团体冠军（不设单项目比赛）。

这一年，侯加昌凭借着辉煌的比赛成绩被国家体委评为"最佳教练员"。

## 2

# 三强聚首

1988 年，又是"汤姆斯杯"和"尤伯杯"的比赛年①，中国羽毛球队蝉联汤杯的任务也摆上日程。

这届比赛的地点在马来西亚吉隆坡。

作为东道主的马来西亚自从 1967 年夺冠以来，已经 7 届、21 年没有问鼎"汤杯"了，让该国的运动员和球迷都非常遗憾。这次既然在本国举办汤杯比赛，能否有新的突破，重获汤杯呢？此时已成为马来西亚羽协秘书长的名将古纳兰积极地筹备，还聘请了中国队的退役运动员方凯祥担任教练。有意思的是，印尼队此时也聘请了汤仙虎为教练。于是，中国羽毛球三员虎将侯加昌、汤仙虎、方凯祥在退役之后就以这样的方式在赛场上重新聚首。

说到这里，可能有读者奇怪了，汤仙虎不是中国队的女队教练吗？怎么去了印尼队？是的，他在 1986 年就退出中国队教练组，接着去了澳门，然后到加拿大当教练。但出人意料的是，他在 1988 年又回到故乡印尼，当上印尼的主教练。

在半决赛上，马来西亚队遇到了老对手印尼队。他们在先失两分的情况下，连追 3 分，硬是爆冷门赢得了比赛。这是马来西亚 20 年来首次战胜印尼。马来西亚的球迷别提有多高兴了，而马来西亚队中也升起了更

---

① 从 1949 年至 1982 年的前十二届是每三年一届，从 1982 年之后，改为每两年一届。

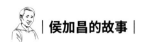

大的欲望——战胜中国队夺得冠军。他们在世界强手的环伺下，已经多年没有进过决赛，也没有得过冠军了。此时的古纳兰也有些冲昏头脑，他放出话来说："既然在劣势下能击败印尼，又何尝不能在同样情况下撼倒中国？"

古纳兰的豪言有着实在的利益驱动，马来西亚历史上第三次主办汤姆斯杯比赛，但从未在主场夺得过冠军，如果它能够实现历史的突破，就成为马来西亚的国家英雄，这种荣誉对谁都是充满诱惑的。

而侯加昌也没有闲着，他继续磨砺着他的队伍，使他们变得更加强大。这次，他不用再费尽心思想计谋了，而是明着排演阵势。此时的中国队中，杨阳已成长为一号主力，熊国宝则紧随其后，李永波、田秉义组合也成为世界羽毛球男双的绝对一哥①。就凭着这手好牌，怎么放都能给对手制造非常大的麻烦。当然，侯加昌有他的谨慎之处，他时刻提醒自己，千万不能在阴沟里翻船，这样的例子他见得实在太多了，面对着国家与人民的期望，他希望在"汤杯"上有更大的突破。

---

① 1986年至1988年间，李永波、田秉义组合夺得几乎所有大奖赛的双打冠军，实现大满贯，一扫中国羽毛球队单打强双打弱的状况。

# 3

# 蝉联汤杯

第十五届"汤姆斯杯"决赛在马来西亚国家体育馆[①]如期举行，三千个座位坐得满满当当，大部分是马来西亚的球迷，他们要发挥好主场优势，为主队鼓气加油。

但这终究是一场雷声大雨点小的决赛，其进行时间之短在历届汤杯中都排得上号，获得转播权的电视台无不大呼上当，广告都来不及播放，比赛就结束了。但这又能怪谁呢？要怪只能怪中国队实在太强大了。

第一场是一号单打对碰，但马来西亚的米斯本与杨阳相比，实在差得太远，只抵抗了19分钟，就呼啦啦地输掉比赛，两局的比分同样是悬殊的15∶2。如果杨阳再狠一点，真有可能给米斯本剃个光头。但估计侯加昌有言在先，毕竟对手是东道主，如果赢得太快，还是多少给对手点儿分，大家面子上都好过一点。

第二场由熊国宝对阵傅国强。两个"国"字辈也不在一个水平层面上，熊国宝非常轻松地赢了比赛，其中一局也是扎眼的15∶2。

马来西亚观众都傻眼了，虽然还抱着一丝丝希望，期望马来西亚队能重演对决印尼队的惊天大逆转，但以这样的发展趋势，这种想法无疑是痴人说梦。

---

① 马来西亚体育馆是马来西亚第一个室内体育馆，兴建于20世纪60年代。在此举行了多个羽毛球重要赛事。据裁判郁鸿骏回忆，马来西亚的天气非常炎热，而羽毛球场又不允许开空调，以免影响比赛，该馆就创造性地把空调装在观众座位的扶手上，既保证了观众的舒适度，又不影响比赛的进行。

　　果然如此，赵剑华与西德克的对垒，也没有多少技术可言，旋风般地将他挑于马下。一场万众竞猜的谜语开出了谜底。

　　接下来还有两场双打，但已经无关紧要了。中国队放水式地给了马来西亚队 1 分，最终以 4：1 的大比分夺得汤杯。

　　虽然赢得非常轻松，完全没有预想中的恶战，但中国的观众没有一点抱怨，非常慷慨地把掌声送给这支蝉联冠军的队伍。实至名归的中国队也非常自信地向观众席还以鞠躬。

　　侯加昌已经没有了前两次的狂喜，但依然非常激动。他是中国第一个带领球队实现两连胜的教练，这份自豪能令人不高兴吗？

　　当年的中国电视已经普及，很多观众从电视直播中第一时间得知中国羽毛球队蝉联冠军的消息。在那个时代，中国人太需要冠军了，无论是中国女排①、乒乓球队，还是羽毛球队，再多也不觉得多。神州大地上，响起了此起彼伏的鞭炮声，他们既是为中国队的团结拼搏而欢呼，也在为自己国家的日益强盛而自豪。是的，这些可爱的运动员立下大功，他们夺得的不仅仅是一个体育荣誉，更是大大鼓励中国人勇往直前的自信，让他们在社会建设的道路上阔步前进。

　　此刻，我们已隐隐听见如钱塘江潮般的、中国社会加快前进速度的踏步声。那真是一个黄金的时代！

　　不过，在潮水中也暗含了漩涡。马来西亚羽协秘书长古纳兰开始思考，如何能够战胜中国队。他想到了一个非常规的方法，但他需要时间，就在 4 年之后的"汤姆斯杯"赛场。当时，中国队仍然沉浸在喜悦中，根本无暇去顾及马来西亚私下的小动作。

---

　　① 1981 年至 1986 年，中国女排在袁伟民的带领下夺得令国人振奋不已的五连冠。但之后逐渐走下坡路，正需要有新的运动队扛起中国体育的大旗。

# 4

# 蝉联三届

1988 年的胜绩还在汹涌而来，中国羽毛球队成为当年当之无愧的体育明星队伍，让电视机前的中国观众目不暇接。

在泰国曼谷举行的第八届亚洲羽毛球锦标赛上，中国羽毛球队再续辉煌，一举包揽了全部 5 个冠军。

到了 1989 年，中国队参加第六届世界羽毛球锦标赛。这次比赛延续了在 1988 年的强劲势头，夺得除了混双之外的 4 项冠军，其中，杨阳击败印尼队的阿迪夺冠，李永波、田秉义组合也成功卫冕。

但侯加昌的目标指向的是 1990 年，这一年的上半年有备受关注的第十六届"汤姆斯杯"比赛，下半年则有在中国首次举办的第十一届亚运会。这两次比赛，都把目标定为夺冠。

这一届"汤姆斯杯"其实已经没有什么悬念了，原来的老对手印尼正面临着青黄不接的境况，根本无力与中国队争锋，半决赛与马来西亚相遇，被马来西亚挑于马下。于是，这届在日本的杯赛延续了上届在吉隆坡的剧情，决赛由中国队对阵马来西亚队。

有了上一届的预演，外界对此次决赛已经没有太大的期待，不再希望会出现类似于 1982 年或 1986 年的精彩剧情。但作为教练员，侯加昌仍然严格要求队员，一定要认真对待每一支队、每一场比赛、每一个球，以我为主，不因外界的影响而改变自己的战术安排；也要求运动员把国家荣誉

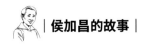 

放在第一位，刻苦训练、努力拼搏。可以说，此时的中国羽毛球队上下都有着一股令人敬畏的精气神，成为那个时代的象征。

果不其然，决赛上演了一边倒的局面。面对不再是东道主的马来西亚，中国队也不再手软，一口气以 5：0 的大比分取得胜利，实至名归地蝉联"汤姆斯杯"，也成为第三支三次蝉联的球队。

# 5
# 角逐亚运

紧接着就是备战北京亚运会。

在上一届亚运会上，韩国利用主场，使了很多小手段，致使中国队男子团体项目未能进入决赛，只拿到男子单打冠军。但此时已今非昔比，中国队也有了主场之利。当然，中国历来有君子之风，讲究的是取之有道，不屑于通过歪门邪道获胜。侯加昌相当重视此次比赛，他要求运动员们务必要赛出水平、赛出风格，在全国人民面前展示良好的战斗风貌。

在这届亚运会的开幕式上，侯加昌还获得一个极大的荣誉，作为 8 名为中国体育事业作出卓越贡献的宿将护旗手之一，护送亚运会会旗进场。与侯加昌一道护送的还有陈镜开①（举重）、邱钟惠②（乒乓球）、郑凤荣③（田径）、李淑兰④（射箭）、穆祥雄⑤（游泳）、原文庆⑥（武术）、梁三妹⑦（赛艇）。

---

① 陈镜开，广东东莞人，举重运动员，在 1956 年以 133 公斤的成绩打破最轻量级挺举世界纪录，成为第一个打破举重世界纪录的新中国运动员。

② 邱钟惠，云南腾冲人，乒乓球运动员，在 1961 年夺得第 26 届世界乒乓球锦标赛女子单打冠军，是新中国第一个女子乒乓球赛冠军，也是第一个女子世界冠军。

③ 郑凤荣，山东济南人，跳高运动员，在 1957 年的北京田径比赛中打破世界纪录，是新中国第一位打破跳高世界纪录的女运动员。

④ 李淑兰，河北乐亭人，射箭运动员，1963 年至 1966 年曾先后十七次打破八项射箭世界纪录。

⑤ 穆祥雄，天津人，游泳运动员，1958 年和 1959 年三次打破男子 100 米蛙泳世界纪录，是新中国第一个打破游泳世界纪录的运动员。

⑥ 原文庆，山西长治人，武术运动员，在世界大赛上多次获得冠军。

⑦ 梁三妹，广东肇庆人，赛艇运动员，在 1987 年的第 14 届世界大学生运动会赛艇比赛中夺冠，是第一个获得世界性大赛冠军的赛艇选手。

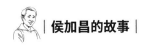

从这个名单可以看出，当时选取了 8 个中国传统优势项目，每个项目选取 1 名重要运动员代表，而侯加昌就代表羽毛球项目，这种荣誉是国家对其个人的极大肯定。而且，他还是 8 个运动员中唯一的归侨，代表着千千万万为祖国的繁荣而冲破重重压力毅然回国的归侨。

在出场的那一刻，面对全场观众的欢呼，侯加昌感到无比激动，这种激动比自己登上领奖台更甚。是的，这一刻他登上的不是比赛的领奖台，而是历史的领奖台，是国家和人民对他 30 年来对中国羽毛球事业辛勤付出的充分肯定。面对着五星红旗，侯加昌的眼睛湿润了，他与全场观众一起高声唱着国歌，那句"前进、前进、前进进"的歌词一直在他的心中激荡。

远在印尼的妹妹看到电视直播之后，就发来快信，说他们一家人看到侯加昌身穿鲜红的运动服、胸前戴着国徽走进体育场时，都非常激动，为侯加昌取得如此辉煌的成就而由衷地高兴。

曾几何时，侯加昌与家人在三宝垄看到中国运动员的身影，家人又在三宝垄的赛场上看到侯加昌代表中国队的身影，而此时，他们看到侯加昌出现在亚运会的赛场上，成为几十万名中国运动员的代表。当我们把这几个片段串联起来，大概就能稍稍理解侯加昌家人的激动之情吧。

在此次亚运会上，侯加昌和他的中国羽毛球队没有辜负中国球迷的期望，一举夺得男子团体、男子单打、男子双打 3 项冠军，出色地完成上级交给的任务。

在这个成绩背后，侯加昌的家庭也为之默默付出，其中的故事在后面的章节再来介绍。

第二十章
**1992 年**

# 1
# 失去汤杯

所谓物极必反，中国羽毛球队如此辉煌的战绩不可能长久持续，从客观上看，这样也不利于这一运动的发展。在 20 世纪 90 年代初，中国羽毛球队就开始进入下降期。1992 年，成为中国羽毛球运动发展史上一个特殊的年份，也是一个极度低落的冰点。

此时的中国羽毛球"三剑客"已经过了运动的黄金期，杨阳在 1991 年退役，与其师兄韩健、陈昌杰一起，到马来西亚执教。幸好，新秀吴文凯站了出来，成为当时中国队的新星。而李永波、田秉义组合也过了巅峰期，在羽坛不再是横刀立马无人能敌。体育运动就是这样，运动的周期非常短暂，甚至是稍纵即逝，如果没有一个良好的梯队建设，即使前一年还称霸世界，后一年可能就会一败涂地。像侯加昌、汤仙虎一样，在羽坛保持了长达 14 年的运动巅峰期的运动员实在是少之又少、可遇不可求。

这一年的"汤姆斯杯"又在马来西亚吉隆坡举行，连续两届与冠军擦肩的马来西亚非常希望能够再续 30 年前的辉煌。他们最大的举措就是把韩健、陈昌杰、杨阳全部招来，当起国家队的教练。

事后，作为马来西亚羽协秘书长的古纳兰透露说："为了重夺年前失去的汤姆斯杯，马来西亚早在两年前暗中进行精密的夺标计划。其中一项一石二鸟的高招儿是秘密游说杨阳提前退休，远赴大马当教练，从而打击中

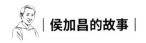
国队实力及加强大马队实力。"①

不过，对于这种说法，杨阳并不认同，他说当时因伤病要离队，而队中不同意，他仍执意退役。回到南京之后，相关部门没有安排工作，致使他成为一名待业青年，之后收到师兄韩健的邀请才到马来西亚队效力。②

于是，这次吉隆坡汤杯比赛就像一个专门摆好的局，等着心高气傲的中国队来钻。

两队都如愿以偿地进入决赛，第三次在决赛中相遇。此时的马来西亚队在中国退役运动员的调教下，已经今非昔比，个个都把中国球员的路数摸得精熟，带着专破中国球员的绝招儿而来。韩健、陈昌杰、杨阳几人则齐齐坐在马来西亚队中，与几年前的比赛情景对照，真让人有种时空错乱的感觉。

第一单打由赵剑华对拉希德。一上场，侯加昌就明显发现，这个拉希德的球路就是专门对着赵剑华而来的，处处让赵剑华难受，竟然把赵剑华拖到了第三局。在最后的决胜时刻，拉希德的运气确实好，就像当年中国首夺汤杯时一样，作为运动员的韩健以一个擦网球险胜林水镜，拉希德也以同样的方式结束了与赵剑华的战斗。侯加昌望着对面的韩健，心中翻涌出百般滋味。

接着的第二、第三单打对阵，中国队还是稳住了阵脚，把分数夺了过来，以总比分 2∶1 暂时领先。

---

① 杨明．中国人打败中国人 效力异邦的韩健、杨阳、陈昌杰掉转炮口，轰塌 "长城"［J］．体育博览，1992（7）：36-38．

② 他是羽坛 "四大天王"，退役后无奈远走海外，与妻子大半生分居．https：//www.sohu.com/a/579006540_120617247．

　　但是，最后决定胜负的两场双打比赛，中国队都以失败告终。当时，中国羽毛球队总教练王文教、男队总教练侯加昌和国家体委训练局局长李富荣都坐在教练席上，他们的脸上无不流露出失望、无奈的神色。这张照片后来在媒体上广泛流传，成为中国羽毛球队历史冰点的写照。

　　特别是侯加昌，此时的他承受着巨大的压力，一边是现在的弟子，另一边则齐刷刷地坐着以前的弟子，上场击败现在弟子的则是以前弟子的弟子。外人无法知道，侯加昌对这些昔日的爱徒到底怀着怎样的感情。多年以后，当他整理其自传《侯加昌回忆录》时，并没有流露出半句非议，而是对他们怀着极大的赏识之情，可见，他的容人之量是非常宽广的。

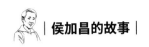 

# 2
# 折翼奥运

接下来的奥运会羽毛球比赛，更是受到国人的极大关注。

中国从 1984 年开始派代表队参加奥运会，在奥运会取得金牌，既成为全国上下高度关注的事情，也成为所有运动员毕生追求的目标。羽毛球在这届奥运会首次列为正式比赛项目，中国奥运军团又多了一个夺金项目，令国人对此次赛事又多了一分期许。

读者可能会有疑问，1981 年国际羽联与世界羽联合并，不是已经扫清了羽毛球项目入奥的障碍了吗？为什么又过了 11 年才在奥运会上亮相呢？

羽毛球项目进入奥运会确实历经了许多曲折。国际奥委会规定：只有在至少四大洲和 75 个国家以上广泛开展的男子项目，以及至少三大洲和 40 个国家以上广泛开展的女子项目，才可列入夏季奥运会的正式比赛项目。当时，羽毛球运动主要在亚洲和欧洲广泛开展，在其他大洲的开展并不广泛。

在两个羽毛球世界组织合并之后，国际羽联又经过了几年的努力推广，直到 1985 年国际奥委会第 90 次会议上，才决定将羽毛球列为奥运会正式比赛项目。后又在 1988 年的汉城奥运会列作表演项目，直到 1992 年的巴塞罗那奥运会，终于首次列为正式比赛项目，共设立男单、女单、男双、女双 4 块金牌。

在此背景之下，1992 年这块奥运会羽毛球比赛金牌就显得异常重要，因为这是历史上第一块，无论谁夺得，都会永远载入史册。中国作为羽毛球强国，当然希望将这几块金牌收入囊中，以提升中国代表团在金牌榜上的排名。

因此，中国队相当重视此次比赛，所有精锐都派了出来，单打包括赵剑华、吴文凯、刘军，双打则有李永波、田秉义组合，以及陈康、陈红勇组合。按照这个阵容，中国队起码能够夺得一块以上的金牌，但最终的成绩非常令人失望。

在争夺男单八强的比赛中，几个中国队员都出现了失误。

第一场单打比赛由中国队的吴文凯对韩国队的金学均，按照实力对比，吴文凯的赢面更大一些。但是，吴文凯在先赢一局的情况下，急于取胜，这种情绪令他频频失误，最终竟然以 1∶2 负于对手，送对手进入八强。

第二场单打比赛由中国队的刘军对丹麦队的选手，由于刘军是年轻选手，大赛经验不足，在多轮相持之下，也负于对手。

最终，只有赵剑华一个种子选手顺利地进入八强。

在八强赛上，赵剑华对阵印尼的蔡祥林 [1]。这位蔡祥林是林水镜的外甥，得到林水镜的亲传，正处于运动的上升期。而且，他还是汤仙虎的弟子。

而此时的赵剑华则已经 27 岁，不再是运动的最佳状态。这种一升一降使赛事有了变数。

---

[1]　蔡祥林在此届比赛中获得铜牌。

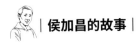

而最为关键的变数是，前一天晚上，赵剑华没有休息好。原来，隔壁的外国选手已经结束比赛，为了放松情绪而通宵玩乐，造成很大的动静。赵剑华受到影响而睡眠不足。赵剑华以往也曾遇到过睡眠不足的情况，此时他就会在第二天早上补一下觉。但此次与以往不一样，是奥运会，如果早上不起来训练，会不会对年轻队员作出坏榜样？于是，赵剑华就坚持起来训练。结果到了晚上比赛，精神状态变得很差。

赵剑华与蔡祥林的第一局比赛，赵剑华就像神游一样，完全没有进入角色，很快就被对手打赢了。到了第二局，状态有所恢复的赵剑华拼命追赶，最终追平。第三局比赛，赵剑华的体力有所下降，但还是尽力与蔡祥林相持，一度把比分追成 14：14，进入加分赛。就在这个关键时刻，蔡祥林幸运地打出 3 个擦网球，一下子把比分打成 14：17。羽毛球场上的命运之神真的很有趣，当一支队伍处于上升期时，每每会在关键球上助他一把，中国队如此，马来西亚如此；但在下降期，又会成为被丢弃的对象，连擦网球也可以连输三球。真是命数无常啊！

中国男子单打最后一个希望就这样出局了。于是，满怀希望的男子单打金牌就这样没有了。

男子双打也好不到哪里去，夺金热门李永波、田秉义组合一路过关斩将，但到了四强，李永波扭伤脚踝，直接影响了发挥，结果，羽毛球男队连一块奖牌没得。

女队那边稍好一点，最终拿了个女双银牌，作为全队的"安慰奖"。

# 3
# 退居二线

一年之内，原来一直是夺冠常客的羽毛球队竟然遭遇了两次重大打击，马上引起国家体委的高度重视，这个教练班子是不是出了问题？

但侯加昌对此一无所知，一如既往地备战、比赛。

1990 年之后，因为中印两国恢复了外交关系，民间可以正常交往。但那几年都是大赛年，侯加昌一直没有机会回印尼探亲，直到 1993 年比完了世界锦标赛，才抓住机会回了一趟。

回到久别的故乡，见到久别的亲人，侯加昌自然是百感交集，沉浸在亲情的回忆当中。但他的心仍在事业上，想着他的球队。他的想法是，作为总教练的王文教已到了退休年龄，按照常理，他这个副总教练应该顶上。他要主动作为，想想中国国家队该如何走出低谷，找回属于它的荣光。

但是，从印尼回到国内，就感觉气氛有点不对。

当时，全国比赛还在进行中，侯加昌就想到比赛现场观摩一下，看能不能发现一些好苗子。这时，一个干事语调奇怪地对侯加昌说："侯指导，你就别去看了。"侯加昌很是奇怪，但对方又没有解释原因。

事态似乎越来越明朗了。报纸上登了一篇王文教的讲话，上面提到，对于侯加昌的去向，上级还没有最终确定。看到这段奇怪的文字，侯加昌的心里开始打鼓了：这是怎么了，我才 51 岁，正是年富力强之时，难道

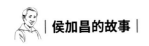 

要我退下来？又有谁能顶上去？

侯加昌想到的不是个人得失，而是国家队往何处去的问题。

有一位好心的中层干部劝侯加昌，找某某领导谈谈吧，看能不能留下来谋个好一点的职位。侯加昌是一个淡泊名利的人，并不太在意这些，一直没去找。

直到年底的一天，领导终于找侯加昌谈心了。

领导开门见山地说："侯指导啊，组织经过研究决定，让你不再当这个副总教练，到咨询组去休息休息。现在成绩不太理想，年轻运动员又没有接上来，下面就让新的教练去统筹好了。"

侯加昌虽然早有准备，但听到这个决定，脑中还是一片空白。

他下意识地问："咨询组具体是做什么的？"

领导说得有点儿敷衍："那就是咨询呗，写写东西，为下面出些点子。"

侯加昌没有明白过来咨询组是干什么的，他恍恍惚惚地离开了领导的办公室。

就这样，侯加昌被调离羽毛球队，去到一个什么也不用干的闲职等退休，仿佛他在去年一年的败绩把之前 30 年的成绩都抵消掉。不少人替侯加昌感到冤枉，但侯加昌并没有就此发一句牢骚，也没有作出半分对中国羽毛球队不利的行为。

当时，整个体育系统已刮起一股出国的风气，一些人是为了赚钱，还有一些人就是不满安排而离职，转投外队效力。遭受如此委屈的侯加昌却没有这样做，他坦然地到咨询组①，一直静静地过日子，没有再为别的国家

---

① 正名为国家体委训练局咨询委员会。

当教练。他是真心地把一生奉献给国家，奉献给羽毛球事业，他难以接受某些人转到对手国家效力的情况，当他面对时，也用自己的坚定来诠释着这一点。事情过去那么多年，我们回过头来看这些人和事，只能用一个词来形容侯加昌——高洁。

到 2002 年，侯加昌光荣退休。国际羽联为了表彰他对世界羽毛球运动的贡献，将他的名字放入"国际羽联名人堂"[①]。而国家体育总局也授予他"中华人民共和国体育工作贡献章"。

---

① 国际羽联名人堂设立于 1996 年，首批入选有 4 人，包括"汤姆斯杯"和"尤伯杯"的捐献者，2002 年一同入选的还有汤仙虎、陈玉娘两位中国羽毛球名宿。

第二十一章

# 名师高徒

# 1

# 韩 健

侯加昌除了是一位杰出的羽毛球运动员，还是一位杰出的羽毛球教练员，在他执教之下，培养了一大批优秀的羽毛球运动员。在这一章，我们重点介绍其中几个代表人物，通过他们的成长，从一个侧面看看侯加昌的教练生涯。我们先来介绍有"牛皮糖"之称的韩健。

韩健是 1956 年生人，出生于辽宁省沈阳市。

他自小就显露出运动的天赋，开始体育生涯。但他最初是足球运动员，直到 15 岁时才改行当羽毛球运动员，并入选辽宁省羽毛球队。

但他的天赋并不优异，身高只有 1.68 米，这对于羽毛球运动来说，不能不说是一个制约。因此，包括侯加昌在内，大家都并不太看好他。他凭借着自己的努力，在 21 岁时入选国家羽毛球队。

侯加昌退役当教练员之后，接手的第一个运动员就是韩健。经过一段时间的接触，侯加昌发现这是一个可造之材，因为他不仅刻苦，还善于动脑钻研战术，很有侯加昌当年的样子。不仅如此，他还有坚定的自信心，相信自己通过训练能更上一层楼，这在运动员当中是非常重要的素质。于是，侯加昌更加用心地指导韩健。

韩健虽然是半路出家，手上的技术不及一些有"童子功"的队友，但他因为有足球运动的底子，双脚特别有力，跑动快，步法灵活。侯加昌认为，应该根据他的这一特点，设计适合他的训练方案。有了侯加昌的点

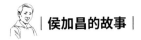

拨，韩健更加努力地训练，而且在训练中认真思考，常常将自己的想法与侯加昌沟通，在沟通中更加强化了打法特点。于是，他逐渐形成以防为主、守中反攻的打法，为了使他的打法具有杀伤力，侯加昌还有意识地对他加强突击进攻能力方面的训练。

经过系统的训练，韩健果然脱胎换骨般成长，在比赛中取得越来越好的成绩。由于他意志顽强，防守出色，不容易被对手打死，就被队友称作"牛皮糖"。

随着老队员的退役，他成为队中的主力。他最为出色的战役是在1982年出战汤姆斯杯、对付林水镜一役，这一战让他一夜成名，成为亿万中国人心中的偶像。之后，他又多次打败林水镜，被羽坛称为"林水镜克星"。

但韩健也有克星，就是丹麦的弗罗斯特。在全英羽毛球锦标赛上，韩健负于这个对手。赛后，韩健连连说，这是一个最难对付的对手，自己很难战胜他。

这是否代表韩健就此认输，见到弗罗斯特就躲着走？不，他有股不服输的精神。在赛后，他与侯加昌一起总结失败的原因，钻研弗罗斯特的弱点，有针对性地进行训练，希望有朝一日打败这个克星。

果然，在三年之后的世界锦标赛上，韩健以必胜的信心迎战弗罗斯特，夺得冠军。

由于韩健在赛场上的出色表现，他连续三次被评为全国十佳运动员，三次获得国家体委颁发的体育运动荣誉奖章，评为新中国成立40年来杰出运动员。退役之后，他到马来西亚执教，并将几位师弟也带了过去。后来，韩健退出马来西亚队，在马来西亚定居，继续从事青少年羽毛球训练工作。

　　好的老师能让学生点石成金，侯加昌正是这样的"点金师"。如果没有遇到侯加昌这样的"点金师"，并给予他在大赛上展示才华的机会，韩健的一生可能会碌碌无为。而当韩健走到对手的一边，并给老师所带队伍以致命一击，侯加昌也没有流露出半点怨言，这样的恩师更显出其高洁。相信韩健对这位恩师是满怀感激之情的。

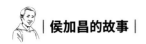

# 2
# 赵剑华

赵剑华是 1965 年生人，出生于江苏省南通市。

他是个少年天才，12 岁就进入当地的业余体校，专门学习羽毛球。一年之后，由于表现出色，进入江苏省羽毛球队。1980 年，在参加全国比赛时，第一次见到侯加昌。当时，江苏队教练黄益中就极力向侯加昌推荐赵剑华。侯加昌看出，这个运动员的手法技术不错，而且临场比赛灵活，是不错的苗子。难能可贵的是，他是左手握拍，这种打法往往又会起到出奇制胜的效果。于是，侯加昌记住了赵剑华这个名字。

三年之后，他被选入国家队，正式成为侯加昌的弟子。此时的他带着活泼开朗的气质，给人大男孩的感觉。这种观感影响到 1984 年参加"汤姆斯杯"的入选，教练组最后选择了更为稳重的杨阳。

这次落选给了他不小的打击，也促使他变得成熟。他更加努力地投入训练。

半年之后，他有了第一次参加国际比赛的机会，参加苏格兰羽毛球公开赛[①]，在此次比赛中获得冠军。接着，又参加了日本公开赛，在赛场上碰到当时世界排名第一的丹麦球员弗罗斯特。在赛前，人们并不看好他，但一上场，他就如从笼中放出的狮子一样，凭借着左手球的特别打法，把这

---

[①] 苏格兰羽毛球公开赛始于 1907 年，是历史最悠久的羽毛球赛之一，属世界羽联国际挑战赛级别赛事。

个世界第一的选手打得狼狈不堪。赛后，弗罗斯特心服口服地承认，自己无法对付赵剑华。赵剑华一夜成名，为世界羽坛所认识。

接着，他赵剑华又参加全英羽毛球锦标赛。他碰到名将林水镜，将他打得丢盔弃甲，被媒体形容为林水镜输得最难看的一场比赛。他又将弗罗斯特打败，夺得比赛冠军。这个年仅 19 岁的少年天才就此成为羽坛的宠儿。

但是，他并不是上天的宠儿，病魔已悄悄地躲在角落，准备向他扑来。

在赵剑华随队到达加拿大，准备参加世界锦标赛时，突然发起高烧。吃了几片退烧药之后，仍然未见好转，领队只好把他送到当地医院医治。医生检查之后发现，他得了急性胸膜炎，胸膜中已有积水，病情很严重。他还希望带病上阵，但医生坚决不同意。他只好含着泪水折返回国，进入协和医院医治。

幸好他还年轻，经过几个月的医治，终于病愈出院。但医生给出的意见是，以他当时的身体情况，不能再当运动员了。

这无疑是一次命运之神给予的极大打击。但赵剑华并没有向命运之神屈服，他经过深思熟虑，决定重回赛场。

他把想法告诉侯加昌。侯加昌想起，自己当年刚复出进入国家队，也曾因伤病面临退役的危机，但他咬着牙坚持了下来。感同身受的侯加昌答应赵剑华的要求，与他一起制订康复计划。在这期间，侯加昌帮忙想了很多治疗的办法，甚至求助于气功。侯加昌始终怀着忐忑之情，担心他在训练中突然倒下。

幸好赵剑华有着旺盛的生命力，他在科学的训练中康复了，并重返

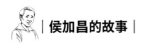

赛场。

1986 年，又到"汤姆斯杯"的决赛圈比赛，是否让他参加呢？教练组在反复考量之后，还是决定先放一放。直到下半年，才让他参加复出后第一次国际比赛——马来西亚公开赛。在这次比赛中，他不负众望，一举夺得冠军。之后的 5 年里，他接连夺得了两届亚运会单打冠军——一届世界杯单打冠军、一届世界锦标赛单打冠军，还助力中国队夺得两届"汤姆斯杯"。在他最辉煌的时候，他与杨阳、弗罗斯特、苏吉亚托并称为国际羽坛的"四大天王"，又与杨阳、熊国宝并称中国的"三剑客"。

他以自己的坚毅坚持比赛，一直到 1993 年才退役，是"四大天王"中最后一个退役的。

退役之后，他出国读书，但没有留在国外，而是回到祖国，在广西与吴文凯办了一所文凯剑华羽毛球学校，用他的方式继续为中国培养羽毛球运动员。

以赵剑华的遭遇，可能他最终会成为一颗早早夭折的新星。但侯加昌用他的人生经历滋养着这个弟子，使他从病魔中解放出来，最终焕发出夺目的光彩，这种"点金"已经不仅仅是技术层面的，还有精神层面的。所谓经师易得，人师难求，信焉！

# 3

## 熊国宝

熊国宝是 1962 年生人，出生于江西南昌市。

他的家庭状况很普通，甚至有点拮据，这让他很早便懂得为家庭分担困难，也从不伸手向家里要这要那。

熊国宝天生比较瘦弱，在速度、耐力方面都没有优越的先天条件，还有先天性平足，因此他在当地的羽毛球训练班中并不突出，只是作为旁听生的身份随队训练，不能享受正式队员的待遇。但他没有放弃，而是以更加刻苦的训练去弥补自己的不足。

皇天不负有心人，经过 3 年的训练，他终于入选江西省队，成为正式的羽毛球运动员。但是，他的成绩并不算突出，直到 1984 年才在全国锦标赛上拿到第 6 名。

如果仅仅是凭借着这样的成绩，他肯定不能进入国家队。但在赛场上细心观摩的侯加昌发现了他。吸引侯加昌注意的是他的反手球，他可以用反手吊球，还能用反手扣杀。侯加昌认为，这种球路在当时的羽坛上很少见，如果能细加打磨，说不定能够成为一支奇兵。于是，力荐他进入国家队。

进入国家队之后，熊国宝的训练更加刻苦。每天训练结束之后，他一定要给自己加练。

队友看到他的劲头儿，就嘲笑他说："你整天练啊练，别练傻了。"

　　但他并不理会，继续着自己的练习。侯加昌非常看重这一点，当年他进入广东队时，也是比较瘦弱，连女队员都打不过，就是凭借加强训练，慢慢地成为主力队员。

　　当然，这些训练也不是盲目开展的，侯加昌针对他的特点，为他开列了一系列的训练项目，充分发挥他反手球突出的优势，加强扣球、防守的训练，使他的技术有了长足进步，成为一个稳中带攻的单打好手。同时，他又与丁其庆配对，兼攻双打。

　　据熊国宝回忆，有一次他与队友交手输得一塌糊涂。在回宿舍的路上刚好遇见侯加昌，便向他打招呼，但侯加昌旁若无人地垂头而过。熊国宝心里就发毛了，怕自己犯了错误，于是更加起劲儿地训练，甚至有点自虐的味道。

　　后来有人跟他说："侯指导就是这样极内向的人，可能当时他正在思考事情，没注意到你。但他对很多人都称赞你。"

　　听了这话，才让熊国宝心中舒坦了不少，晚上睡觉也香了很多①。

　　有了充分的训练之后，他就成了侯加昌手中的一支奇兵。侯加昌在谋划1986年的"汤姆斯杯"时，就将其顶到第三单打的位置，让他力撼林水镜。当时，侯加昌给他的任务不仅是要战胜林水镜，更要大大消耗他的体力，使他在双打比赛中不能正常发挥。熊国宝凭着自己的韧劲与扎实的技术，出色地完成了任务，成为真正的"国宝"。在此一战之后，熊国宝之名响彻神州。

　　之后，他又参加了两届"汤姆斯杯"，继续担当第三单打的角色，都

---

① 李超.熊国宝心史［J］.体育博览，1987（5）：29-30.

稳稳地夺得宝贵的 1 分。

在熊国宝的职业生涯中，另一次为人称道的比赛是 1987 年国际羽毛球系列大奖赛总决赛。此次比赛由于奖金丰厚，世界名将都来参赛。熊国宝首先面对的是"四大天王"之一苏吉亚托，熊国宝直落两局战胜对手，进入四强。之后又打败马来西亚和印尼的两个选手，最终夺冠。

由于熊国宝刻苦训练，他被队友们称为"拼命三郎"；又因他反手球特别出色，被国际羽坛称为"反手王"。

他在 1990 年退役，之后曾到泰国执教。后来又回到国内，成立国宝体育俱乐部，继续为国家输送羽毛球人才。

从熊国宝的成长经历可以看出，侯加昌是一位能够慧眼识才的教练，而且能够因材施教，使运动员的才能得到最大限度的发挥。所谓"千军易得，一帅难求"，侯加昌是难得的帅才，熊国宝能遇到这样的恩师与帅才，是他毕生最大的幸运。

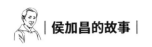

# 4
# 杨 阳

杨阳是 1963 年生人，出生于江苏省南京市。

杨阳的父母是排球运动员，可谓体育世家，父母给了他良好的身体条件，从小在运动上就非常突出，15 岁进入江苏省羽毛球队，20 岁又进入国家羽毛球队。

在入选国家队时，其他人对杨阳是否入选存在异议，认为他在技术上有较为明显的弱点，顶多算个二流球手。但侯加昌并不这样认为，他更加看重杨阳的认真态度，而且能用脑打球。他观察到，杨阳对每一球都极为认真，到了每球必争的地步。加上他性格沉稳，在赛场上发挥稳定，让教练非常放心。当年，在挑选参加 1984 年"汤姆斯杯"决赛圈人选时，教练组在他与韩健之间犹豫，最终还是凭借着杨阳这种沉稳的特质，把宝押在了他身上。

让侯加昌最为放心的，还有杨阳的生活态度。由于他一表人才，深受女球迷的青睐，每每出现在赛场外，常常被女球迷包围，侯加昌就不得不担当起解围的角色，像明星身后的经纪人一样，挡住这些过分热情的球迷。即使是这样，杨阳往往能够沉着应对这些热情的示爱，既理智又不失礼貌，没有闹出过什么绯闻。侯加昌非常佩服杨阳的这种定力。

杨阳虽然有着良好的身体条件，其技术也已非常全面，但并不代表他就能成为一个一流的选手。在侯加昌看来，在"进"之后，还要学会

"收"，提高控制这些能力的能力，使运动员在面对每种类型的选手时，都有一套完整而有效的应对方法。只有经历了这样的淬炼，才能百炼成钢，成为真正的高手。杨阳就经历了这样的阶段。

当时，杨阳面对弗罗斯特时，总是不能战胜。侯加昌就对他加以点拨。

侯加昌提的建议是：你要看到自己的长处在于比弗罗斯特快，体力又比他好，因此没必要急于求胜，而应该有耐心地防守，在调动对方的过程中寻找进攻的机会。

正是听取了侯加昌的建议之后，杨阳有意识地改变自己的打法，决心战胜这个对手。

机会终于来了，在北京即将举行第五届世界锦标赛。赛前两个月，杨阳就开始闭门训练，连与女友郑昱鲤[①]的约会都取消了。经过细密的战术设计，杨阳终于在这次世界锦标赛中战胜弗罗斯特，夺得冠军。

经过如此历练，杨阳终于成为一个顶尖高手，两年内包揽了四大世界大赛金牌，风头一时无两，名列国际羽坛"四大天王"之首。他还被坊间列入世界羽坛的十大传奇人物，中国队中与他并列的只有林丹、高崚。

28岁时，杨阳的巅峰期已经过去，他因伤病离开了国家队。此时，他收到来自师兄韩健的邀请，到马来西亚当教练。他毅然同意了这一邀请，带着自己的技术与经验投靠马来西亚队。

在马来西亚队中，他专门指导拉希德，让他熟悉中国运动员的球路。在他的帮助下，马来西亚终于如愿战胜中国队，并夺得"汤姆斯杯"。

---

① 郑昱鲤，福建人，中国羽毛球女队队员，曾帮助国家队夺得第十一届、十二届尤伯杯。

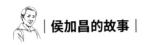 

一年后，杨阳辞去马来西亚教练之职，辗转到澳大利亚任教，2001 年回到国内成立杨阳羽毛球俱乐部，继续他的羽毛球人生。

对于庸师来说，如果遇到杨阳这样的"尖子生"，可能就是"高徒出名师"。但这样的名师和高徒都会碰到天赋的天花板，在面对真正的高手时败下阵来。而侯加昌之所以能够成就杨阳，让他突破自己的天花板，就在于在大器出炉之前，给予最后那一点点的淬炼点拨，使这把大器变得异常锋利。很多尖子就差这一点点，而不能到达顶峰。但是，要成为这样的名师，给予直抵灵魂深处的点拨，自身就需要有更高的境界。试问，世间又有多少像侯加昌一样的名师呢？

# 5
# 吴文凯

吴文凯是 1970 年生人，出生于广西武鸣县（今南宁市武鸣区）。

他的父亲是篮球教练，给了儿子良好的体魄条件。小时候的吴文凯比较调皮，父亲怕他学坏，9 岁就将他送进广西壮族自治区体工队，进入羽毛球队少年班。之后一直从事羽毛球运动，17 岁入选国家队。

初入国家队，侯加昌就对吴文凯非常关注，认为他身体素质全面，手法技术和步法都非常好，是一块可以深造的好材料。

但侯加昌也看到，吴文凯的致命弱点在于失误率偏高，缺少顶尖高手应有的稳定性。侯加昌就针对这一点，狠抓他的稳定性。在侯加昌的指导下，吴文凯进步很快，已经能够参加一般的国际比赛，并取得不错的成绩。

为了让吴文凯更进一层，侯加昌又针对他打法单一的问题，有意识地提升他的战术素养，加强他的多拍战斗能力。经过一番调教，吴文凯终于能与杨阳、赵剑华、熊国宝这"三剑客"比肩，具备接替他们成为新一代新星的水平。

但是，吴文凯还有一个影响他进步的问题，就是自律性、自制力不足，容易被一时的成功冲昏头脑。在侯加昌的运动生涯中，看到过很多运动员经受不住社会上五光十色的诱惑，最终身败名裂的例子。于是，侯加昌又着重于对吴文凯进行思想教育，要求他严于律己，把更多精力放到羽

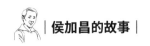

毛球运动上。经过侯加昌的教导，吴文凯又有了新的领悟，已然具备在日后担起大梁的能力。

据吴文凯自己回忆，由于经常有朋友来找他玩儿，影响了正常训练，侯加昌经常批评他。但吴文凯承认："侯指导要求我很严，但也挺宠我。"

但就在此时，吴文凯出现了一次受伤，开始以为只是普通伤，但经医生检查发现，是左臂的一条主要肌腱断裂。以当时的医疗水平，已经可以通过手术接驳肌腱，但接驳之后就再也不能继续羽毛球运动。就此，一颗正冉冉升起的新星因伤病而坠落，中国队在实力上蒙受了很大打击。

1992年，吴文凯退役。之后曾到国外留学，再回到国内。他的妹妹吴文静也是国家羽毛球队队员，后来与赵剑华结为伉俪。于是，他们三个人就一起在广西开办了文凯剑华羽毛球学校。

虽然吴文凯最终未能成就他应有的辉煌，但从他的成长经历可以看出，侯加昌在他身上倾注了非常多的心血，从羽毛球技术到战术素养，再到思想品德，通过点点滴滴培养这名优秀的人才。从这个角度看，侯加昌真是一位德技双修、德技双馨的好教练。

第二十二章
## 家庭生活

# 1
# 婚后生活

　　侯加昌结婚之后，继续当了 6 年运动员，到 1979 年才退役。在这 6 年时间，侯加昌仍然住在集体宿舍，到星期六晚上才能回家。1979 年之后，侯加昌虽然可以回家过正常的家庭生活，但作为教练，也是天天待在队里忙：早上 6 时 15 分就准时与队员们出操，到晚上 10 时，查过运动员宿舍才蹬着自行车回家，回到家中，有时还要整理笔记，研究下一步的训练方案。侯加昌回忆说："（当时）我时常总结自己的教训，为的是怕后来人重蹈覆辙。我也运用宝贵的经验，为的是使后来人进步得更快。"

　　正因为全身心投入训练当中，侯加昌根本就没有时间管家里的事。在这将近 20 年的时间里，家中的所有事情都由妻子张明珠一人承担，而她也有自己的事业与工作。

　　作为一名高中教师，还兼班主任，张明珠的日程排得满满的。每天早早起来赶回学校看她的学生。在女儿侯育新上小学之后，因为女儿上的小学在她工作的中学旁边，也跟着她一起上学。

　　据女儿的回忆，她俩中午都留在学校吃午饭，下午放学才一起回家。女儿放学早，还去等母亲。每天母亲都是最后一个下班，有时太晚了，只好在食堂买饭。女儿心中就很不明白，为什么母亲总是那么忙，每天都要最后一个下班。

　　不明白的还有侯加昌。他们晚上吃完饭，有个短暂的休息时间，两人

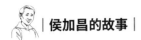

就坐在客厅看电视新闻。此时，张明珠总是把头靠在侯加昌的肩膀上，不知不觉就睡着了。侯加昌累了，就推推张明珠，张明珠醒来之后，又要转到书房批改作业、备课。

有一次，侯加昌不明白地问张明珠："你都教那么多年的课了，还要备课吗？"

张明珠回答道："当然要备课了，有很多新的东西，要不断补进课堂上，这样学生才能有更多的得益。"

侯加昌虽然不懂教学，但他当运动员和教练员多年，深深明白事业上要精益求精的道理，就无言地支持妻子的工作。

待到女儿上初中，对于母亲的备课行为有了更深刻的认识。她有英语问题问母亲时，母亲给出的答案往往是由一点而旁及其他，让学生明白得更加透彻。后来，女儿上高中，正好由张明珠任教英语。女儿发现在张明珠上课时，竟然有些别班的学生偷偷赶来旁听。

张明珠每天还要带一大沓作业回家，晚上批改作业。有时候，张明珠改着改着就趴在桌子上睡着了，有时实在太累了，只好先上床睡觉，但是第二天就要早早起来，把剩下的作业批改完。

此时，上映了一部叫《人到中年》[①]的电影，由潘虹饰演的医生陆文婷令侯加昌印象深刻。他在陆文婷身上看到妻子张明珠的影子，他们肩负着家庭和工作的重担，在清贫的生活中仍然保持着高洁，默默地为国家作贡献。侯加昌深深地感激张明珠的无言付出。

1990 年，张明珠获得了一次到英国学习交流的机会，时间是一年，这

---

① 该电影由谌容的同名小说改编。

对于她是一次极为难得的机会。同事和学生都替她高兴，她也非常希望能够成行，于是就跟侯加昌商量。

当时，正是中国第一次举办亚运会，体育系统上下都忙着备战，务求在亚运会上取得好成绩，为全国人民送上满意的答卷。

侯加昌犯难了，一边是自己的工作，另一边是妻子的工作。

侯加昌思考再三，认为还是要以国家大事为重，就对妻子说："明珠，亚运会要到了，我作为教练，任务很重，必须拿到好的成绩，家里就顾不上了。而育新今年又要考高中……"

张明珠没有再说什么，回学校之后，跟领导说清楚情况，放弃了这个难得的学习机会。

由于张明珠的辛勤努力、业绩突出，她曾荣获"全国五一劳动奖章"。这块金牌，不亚于侯加昌获得冠军。

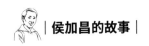

# 2
# 女儿眼中的母亲

女儿侯育新从出生开始，就一直跟着母亲，又从小学到初中、高中，几乎每天都是一起上学、放学。因此，侯育新对母亲留下很多的回忆。

她印象最深的是学钢琴的事。张明珠回国时，带回一架手风琴，并一直留在身边。到女儿长大后，要学钢琴时，家中没有足够的钱，只好把手风琴卖了，凑钱买了一架二手钢琴，这架钢琴的价值相当于当时侯加昌和张明珠一年的工资收入。这架钢琴成了传家宝，几次搬家都不舍得卖掉。

张明珠带孩子学琴，也是一丝不苟的。每次上钢琴课，母亲都坐在旁边听，用一本蓝色皮的笔记本认真地记录钢琴老师提出的钢琴要领和指出的问题。回到家中就按着记录的笔记，提示女儿纠正错误。

后来，女儿要考音乐学院的业余班，张明珠就带女儿去考试。那天下着大雨，有一段路的积水实在太深了，张明珠就把女儿背起来。女儿大为感动，在心里暗地鼓励自己：今天的考试一定要考好，才能报答母亲的付出。

果然，女儿顺利地通过钢琴考试，进入音乐学院业余班学习。

音乐学院业余班的上课时间在星期六下午，有一节钢琴课和一节视唱练耳课。而那天下午，张明珠的学校要进行政治学习，全体人员必须参加。因此，当天午饭就会特别匆忙。吃完饭，张明珠再把女儿送到 2 公里之外的音乐学院，然后赶回学校开会。

女儿上完课之后，只能在音乐学院内等待。因此，她总是第一个来到课堂，又是最后一个离开的学生。有时等得实在太晚了，就索性坐在公交车站前等。对于母亲的辛劳，女儿每每心存感激。

于是，女儿练琴的积极性加强了，不用再让母亲张明珠催促。

对于妻子与女儿的这些生活经历，侯加昌由于忙于训练，往往未能参与，他心中充满愧疚。

张明珠除了是一位好母亲、好老师，还是一位好的班主任。她与所教班级的学生感情很深，逢年过节就会请学生到家里来团聚，一起包饺子。学生毕业之后，还会相约到张老师家中，这里成为他们交流聚会的重要地点。学生们还会经常写信给她，表达对她的爱戴与感激之情，有的学生在信中直接称张老师为"妈妈"。可见，她在学生心中的地位。

下面，摘抄几段侯加昌回忆录中，学生给张明珠的来信：

她每天和我们在一起，她关心着我们51个人的一言一行。在你过生日时，她为你买来蛋糕；在你生病时，她为你做饭送药；在你失望时，她扶起你低垂的头……她的目光环绕着你，融着多少慈祥和爱意。在北海，在紫竹院，在香山，在天坛，她的欢笑同我们的欢笑一起融进大自然……解答问题时，她是耐心的老师；委屈时，她是慈祥妈妈；她还是知心朋友……

永远忘不了最后一节英语课：我们是在刚盖好的语音教室里上的，这一课张老师没有像往常那样拿起课本，而是把她精心准备的一件件小礼物——新年贺卡，一张张地分送给我们，上面有我们每个同学的名字，还有张老师送给我们的格言。张老师告诉我们这些格言是从她妈妈送给她的

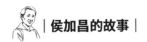

日记本上摘抄下来的，她非常珍爱这个日记本，那一节课我们大家都哭了……①

① 侯加昌口述，黄薇整理.挚爱·侯加昌回忆录［M］.北京：中国华侨出版社，2008.

# 3

# 痛失爱妻

1993 年后，侯加昌不再担任教练一职，退居二线，终于有了充裕的时间陪伴张明珠母女。但是，不幸的事接踵而至。

在 1994 年初，张明珠对侯加昌说，近来感到比较累，在腹部还摸到一个硬块。侯加昌马上带妻子去医院检查。

医院最初的检查说是良性肿瘤，开刀割了就好。想不到的是，医生在开刀之后发现问题要严重得多，张明珠得了卵巢癌，而且已经扩散了。

听到这一噩耗，侯加昌感到晴天霹雳，失去理智地恸哭起来。但他不能在病人面前表现出这种情绪，只能跟张明珠说，这是良性肿瘤，已经切干净了，她很快就能康复。

侯加昌把消息告知了亲人们，二哥从香港赶来，大姐从湖南赶来，妹妹也从印尼赶来。侯加昌本来要去日本讲学一段时间，也把行程推掉了。

张明珠虽然躺在病床上，身体也很虚弱，但仍然把带到医院的 400 篇学生作文批改完，她还一心想着病好之后回到讲台。

接下来，张明珠需要进行化疗。张明珠的学生联系到当时北京最有名的医生"黄一刀"，"黄一刀"说只有 30% 的存活机会。

侯加昌焦急地说："能不能成为那 30%？"

医生表示会努力争取。

在接下来的化疗中，侯加昌每天炖汤熬药，补偿着一个丈夫应尽而未曾尽的义务。又带她去学习气功，以气功帮助康复。为了让张明珠能更好地领会，侯加昌自己也一起学，再指导她练习。

半年之后，张明珠的病情有所好转，让侯加昌悬着的心稍稍放下。

一年之后，张明珠又到医院进行第二次手术，割除后的癌细胞已转移到淋巴。此时的病情似乎还比较稳定。

张明珠提出了一个要求："我教了一辈子英语，还没有去过英语国家哩！"

她听侯加昌说过加拿大的尼亚加拉大瀑布，非常向往，希望能亲眼见一次。

在国际羽联副主席吕圣荣的热心帮助下，加拿大羽协发出邀请函，邀请侯加昌与张明珠前往加拿大考察旅游。

1995 年的冬天，侯加昌与张明珠带上药物，一起前往加拿大。在那里，他们如愿参观了尼亚加拉大瀑布，又坐车前往美国纽约，参观自由女神像、帝国大厦。

侯加昌握着张明珠的手，深情地说："明珠啊，只要你的病能够治好，我们就算躲到深山中也不要紧。"

张明珠捏了捏侯加昌的手，点头说："我会变好的。"

这应该是张明珠一生中最快乐的 3 个星期。

从国外回到国内，张明珠继续做着康复工作。在 1996 年春节，侯加昌又带她到香港探亲，与香港的兄弟姐妹们共度春节。满心以为她能够跨过这一道坎儿，恢复正常人的生活，但是，命运之神还是并没有放过张明珠。

在 1996 年 5 月的一天，张明珠对侯加昌说："我发现自己腋下有一个肿块。"

侯加昌马上带她去检查，发现癌细胞已扩散到乳腺和淋巴。

接下来的时间里，张明珠做了三次手术，承受了许多常人不能想象的痛苦。张明珠依然坚强地和命运作斗争，还经常安慰侯加昌。侯加昌已经不理任何事情了，一心一意地陪着妻子，度过生命最后时刻的每分每秒，还不时拍下张明珠的影像，希望能让她的美好模样留在世间。

到了1996年冬天，张明珠的病情急剧恶化，侯加昌马上送她去医院。医生说，最理想的情况是再维持两个月。侯加昌强忍着悲痛离开医院，但出了医院门口就坐在马路边上恸哭起来。

侯加昌早已做好心理准备，但当这一刻来临时，还是无法接受。他只能与女儿日夜轮流守护在张明珠身边。一个晚上，张明珠的病情再度恶化，整个人处于昏迷状态。医生全力进行抢救，但最终没有抢救过来。张明珠的一生就定格在55岁的生命线上。

侯加昌在心中默默地说：明珠，你在我心中是永恒的，因为爱！

# 参考文献

［1］侯加昌口述，黄薇整理.挚爱·侯加昌回忆录［M］.北京：中国华侨出版社，2008.

［2］杨丽云.赤子的夙愿［M］.北京：北京体育学院出版社，1987.

［3］谢朝权等.中国羽毛球运动史［M］.武汉：武汉出版社，1990.

［4］李学民，黄昆章.印尼华侨史［M］.广州：广东高等教育出版社，1987.

［5］杨宏云.印尼棉兰华侨华人史［M］.厦门：厦门大学出版社，2016.

［6］傅汉洵口述，刘晨整理.赤子情·羽球魂［M］.广州：南方日报出版社，2018.

［7］福建省政协文史和学习委员会，福建省体育局.走向冠军之路［M］.福州：福建人民出版社，2008.

［8］刘秉荣.贺龙传［M］.北京：人民出版社，2018.

［9］瞿琮.霍英东传［M］.北京：红旗出版社，1996.

［10］梁英明.誉满羽坛 功载史册——献身羽毛球事业的归侨陈福寿及其伙伴们［M］.香港：香港社会科学出版社有限公司，2008.

［11］黄志远.羽毛球技术与战术［M］.广州：广东科技出版社，

1991.

　　［12］梁小牧.我和羽毛球［M］.石家庄：河北科学技术出版社，
1987.

　　［13］梁英明.中国羽坛一代名将陈玉娘——纯净如玉 刚毅如玉［M］.
香港：获益出版事业有限公司，2015.

　　［14］王承范.张国基［M］.北京：中国华侨出版社，1999.

　　［15］黄薇.活着不易［M］.香港：华文作家出版社，2009.

　　［16］陈福寿，侯加昌.羽球走向世界！［J］.今日中国（中文版），
1981（11）：32-33+37.

　　［17］呆文川.攻不破的"中国长城"——记羽坛"新科状元"熊国宝
［J］.当代体育（扣篮），1987（7）：33-34.

　　［18］杨明.中国人打败中国人 效力异邦的韩健、杨阳、陈昌杰掉转
炮口，轰塌"长城"［J］.体育博览，1992（7）：36-38.

　　［19］李超.熊国宝心史［J］.体育博览，1987（5）：29-30.

　　［20］王雨.巅峰之战——中国队五夺汤姆斯杯征战往事［J］.网羽世
界，2006（5）：22-32.

　　［21］王国全.无边落木萧萧下——中国男子羽毛球队之败［J］.体育
世界，1994（10）：27-29.

　　［22］李劭南.吴文凯印象［J］.体育博览，1991（5）：24.

　　［23］余鉴彤.痛别庾耀东：难以忘却的怀念［J］.羽毛球，2013（1）：
62-63.

　　［24］郭俊丽.无私的爱——记侯加昌、张明珠夫妇［J］.体育博览，
1996（10）：34-35.

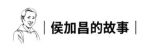

［25］林芳.龙争虎斗——第五届世界羽毛球锦标赛男单比赛记实［J］.当代体育（扣篮），1987（8）：4-7.

［26］杨弋非.30年前那场改变历史的决战——记1982年中国队首夺汤姆斯杯［J］.羽毛球，2012（5）：29-31.

［27］郭惠杰.归侨竞技体育人才群体研究（1949—1966年）［J］.华侨华人历史研究，2016（2）：61-70.

［28］赵卫真.杨阳的风格［J］.当代体育（扣篮），1987（9）：26-27.

［29］魏协森，谢朝权.中国羽毛球运动四十年［J］.中国体育科技，1990（5）：20-23+35+48.

［30］中国羽毛球队参加一九七九年香港国际羽毛球邀请赛技术总结［J］.中国体育科技，1980（13）：1-14.

［31］高艳杰.1959—1961年印尼排华浪潮与中印尼关系的波动［J］.世界历史，2020（5）：45-59+152-153.

# 附录：侯加昌年谱

1942 年，8 月，出生于印尼三宝垄市。

1943 年，1 岁。

1944 年，2 岁。

1945 年，3 岁。

1946 年，4 岁。

1947 年，5 岁。

1948 年，6 岁。

1949 年，7 岁，在新友小学读书。

1950 年，8 岁。

1951 年，9 岁。

1952 年，10 岁。

1953 年，11 岁，夺得学校乒乓球赛男子单打冠军。

1954 年，12 岁。

1955 年，13 岁。

1956 年，14 岁，开始在地方球会学习羽毛球。第一次观看陈友福的表演。

1957 年，15 岁，观看中国羽毛球队比赛，第一次亲眼见到王文教、陈福寿、施宁安和黄世明。代表三宝垄市参加中爪哇地区少年羽毛球赛，被

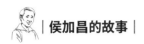
评为"希望之星"。二哥侯伟昌回国读高中。

1958 年，16 岁，第一次在室内羽毛球场地训练。

1959 年，17 岁，参加中爪哇地区少年羽毛球赛，3 个项目进入决赛。代表三宝垄参加印尼全国羽毛球赛，止步于第二轮。失去参加印尼青少年集训机会。

1960 年，18 岁。3 月，提前高中毕业，乘坐"芝加连加"号海轮回到广州。5 月，加入广东省羽毛球队。

1961 年，19 岁。7 月，参加"六省市羽毛球邀请赛"，战胜汤仙虎夺得男子单打冠军。

1962 年，20 岁。

1963 年，21 岁。7 月，作为国家队成员，战胜来访的印尼队。11 月，参加"新兴力量国家运动会"，夺得男子团体亚军、男子单打亚军。

1964 年，22 岁。6 月，对战印尼访华代表团，与偶像陈友福交手。7 月，广东羽毛球队被评为全国体育战线的"三面红旗"标兵运动队。8 月，随广东羽毛球队到香港访问。11 月，跟随国家队回访印尼。

1965 年，23 岁。5 月，参加纪念亚非会议召开 10 周年羽毛球邀请赛，回到阔别多年的故乡三宝垄。9 月，参加第二届全运会，获得男子单打第三名。10 月，出访北欧，参加丹麦的国际羽毛球邀请赛，夺得男子单打亚军，之后因眼伤停赛。

1966 年，24 岁。4 月，丹麦队访华，以 2∶0 力克 1964 年的全英锦标赛单打冠军尼尔森。12 月，参加在金边举行的亚洲新兴力量运动会。弟弟侯宏昌回国，加入广东羽毛球队。

1967 年，25 岁。

1968 年，26 岁。随广州市体育系统下放到南海县泌冲，进行劳动改造。

1969 年，27 岁。

1970 年，28 岁。

1971 年，29 岁。9 月，到杭州集训。11 月，与汤仙虎一同出访加拿大，到 19 个城市进行了十几场表演比赛。

1972 年，30 岁。1 月，应召加入国家羽毛球集训队。6 月，参加全国五项球类运动会，夺得男子单打、男子双打 2 项冠军。先后到尼泊尔、斯里兰卡访问。

1973 年，31 岁。1 月，随中国队出访欧洲。2 月，认识爱人张明珠。4 月，参加全国羽毛球比赛，与汤仙虎在男单决赛相遇，惜败对手。8 月，随中国队出访日本。9 月，与张明珠结婚；随中国队出访马来西亚，与马来西亚名将古纳兰交战，轻取对手。12 月，参加香港国际羽毛球邀请赛。

1974 年，32 岁。5 月，参加曼谷国际羽毛球表演赛。9 月，参加第七届亚运会，并夺得男子单打冠军，协助中国队夺得男子团体冠军。

1975 年，33 岁。9 月，参加第三届全运会，获得男子单打亚军。女儿侯育新出生。

1976 年，34 岁。3 月，参加第一届亚洲羽毛球邀请赛，不敌印尼选手苏米拉获得男子单打亚军。10 月，参加第四届亚洲羽毛球锦标赛，战胜印尼选手林水镜夺得男子单打冠军。

1977 年，35 岁。2 月，参加第二届亚洲羽毛球邀请赛。3 月，参加亚洲羽毛球教练训练班。

1978 年，36 岁。4 月，参加第三届亚洲羽毛球邀请赛。11 月，参加第

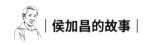

一届世界羽毛球锦标赛（单项），夺得男子双打冠军。12月，参加第八届亚运会羽毛球比赛，与庾耀东配对获得男子双打第三名。

1979年，37岁。6月，参加第一届世界羽毛球杯赛（团体）暨第二届世界羽毛球锦标赛（单项），夺得男子团体冠军。9月，在第四届全运会上，获颁"国家体育荣誉奖章"。10月，退役，担任中国羽毛球男队教练。父亲因突发性脑溢血去世。12月，作为教练员到香港参加中国队与印尼队的比赛，以6∶3获胜。

1980年，38岁。2月，作为教练参加在新加坡举行"谁是当今羽坛霸主"羽毛球争霸赛，以5∶4取得胜利。

1981年，39岁。3月，与陈福寿一起在《今日中国》（中文版）杂志发表文章《羽球走向世界》。7月，作为教练参加第一届世界运动会，夺得男子单打、男子双打两项冠军。

1982年，40岁。3月，作为教练首次带领中国队参加全英羽毛球锦标赛。5月，作为教练带领中国队夺得第十二届"汤姆斯杯"冠军。11月，作为教练参加第九届亚运会，夺得男子团体冠军、男子单打冠军。

1983年，41岁。3月，国家体委授予"中华人民共和国体育运动荣誉奖章"；作为教练带领中国队参加全英羽毛球锦标赛，夺得男子单打冠军。5月，作为教练带领中国队首次参加新国际羽联主办的第三届世界羽毛球锦标赛。10月，在《中国体育科技》杂志发表论文《中国男子羽毛球队参加第三届世界羽毛球锦标赛技术总结》。

1984年，42岁。3月，在《中国体育科技》杂志发表论文《论我国男子单打技术的发展趋向》；作为教练首次带领中国队参加全英羽毛球锦标赛。5月，作为教练带领中国队获得第十三届"汤姆斯杯"亚军。

1985 年，43 岁。3 月，作为教练带领中国队参加全英羽毛球锦标赛，夺得男子单打冠军。6 月，作为教练带领中国队参加第四届世界羽毛球锦标赛，夺得男子单打冠军。

1986 年，44 岁。3 月，作为教练首次带领中国队参加全英羽毛球锦标赛。4 月，作为教练带领中国队夺得第十四届"汤姆斯杯"冠军。5 月，在中国羽协成立 30 周年表彰中名列榜单；国际羽联授予"卓越贡献奖"。9 月，作为教练带领中国队参加第十届亚运会，夺得男子单打冠军。

1987 年，45 岁。3 月，作为教练带领中国队参加全英羽毛球锦标赛，夺得男子双打冠军。5 月，作为教练带领中国队参加第五届世界羽毛球锦标赛，夺得男子单打、男子双打冠军。作为教练带领中国队参加第七届亚洲羽毛球锦标赛，夺得男子团体冠军（不设单项）。被国家体委评为"最佳教练员"。

1988 年，46 岁。3 月，作为教练带领中国队参加全英羽毛球锦标赛，夺得男子双打冠军。5 月，作为教练带领中国队夺得第十五届"汤姆斯杯"冠军。作为教练带领中国队参加第八届亚洲羽毛球锦标赛，夺得男子单打、男子双打冠军（不设团体）。

1989 年，47 岁。3 月，作为教练带领中国队参加全英羽毛球锦标赛，夺得男子单打冠军。5 月，作为教练带领中国队参加第六届世界羽毛球锦标赛，夺得男子单打、男子双打冠军。12 月，国务院侨办授予首届"新时期全国侨界十大新闻人物"（侨界十佳）奖。

1990 年，48 岁。3 月，作为教练带领中国队参加全英羽毛球锦标赛，夺得男子单打冠军。4 月，在《中国体育科技》杂志发表论文《论拉吊进攻和变速突击》。参加第十一届亚运会开幕式，是 8 名为中国体育事业作

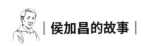

出卓越贡献的宿将护旗手之一。9 月，作为教练参加第十一届亚运会，夺得男子团体冠军、男子单打冠军、男子双打冠军。

1991 年，49 岁。3 月，作为教练带领中国队参加全英羽毛球锦标赛，夺得男子双打冠军。5 月，作为教练带领中国队参加第七届世界羽毛球锦标赛，夺得男子单打冠军。9 月，为好友黄志远新书《羽毛球技术与战术》作序。

1992 年，50 岁。3 月，作为教练首次带领中国队参加全英羽毛球锦标赛，夺得男子单打冠军。8 月，作为教练带领中国队参加全英羽毛球锦标赛，夺得男子单打冠军。作为教练带领中国队参加第十六届"汤姆斯杯"比赛，获得亚军。作为教练带领中国队首次参加奥运会。

1993 年，51 岁。5 月，作为教练带领中国队参加第八届世界羽毛球锦标赛。12 月，调离教练岗位，在国家体委训练局咨询委员会任职。

1994 年，52 岁。

1995 年，53 岁。与妻子张明珠到加拿大访问旅游。

1996 年，54 岁。

1997 年，55 岁。妻子张明珠病逝。

1998 年，56 岁。认识第二任妻子黄薇。

1999 年，57 岁。

2000 年，58 岁。

2001 年，59 岁。

2002 年，60 岁。10 月，退休。进入"国际羽联名人堂"。国家体育总局授予"中华人民共和国体育工作贡献章"。

2003 年，61 岁。

2004 年，62 岁。

2005 年，63 岁。

2006 年，64 岁。

2007 年，65 岁。

2008 年，66 岁。由侯加昌口述、黄薇整理的自传《挚爱·侯加昌回忆录》在中国华侨出版社出版发行。

2009 年，67 岁。

2010 年，68 岁。

2011 年，69 岁。

2012 年，70 岁。

2013 年，71 岁。

2014 年，72 岁。

2015 年，73 岁。

2016 年，74 岁。

2017 年，75 岁。9 月，与家人回梅县拜祖。

2018 年，76 岁。

2019 年，77 岁。

2020 年，78 岁。

2021 年，79 岁。

2022 年，80 岁。

（注：由于侯加昌作为教练带队参加的国际赛事很多，年谱只选取了"汤姆斯杯"、世界羽毛球锦标赛、全英羽毛球锦标赛、奥运会、亚运会，以及一些具有标志性的赛事记录。）

# 后　记

在接到中国华侨出版社的约稿前，笔者对侯加昌并不熟知，只知道他是一位羽毛球名宿，但他有哪些事迹，在中国羽毛球发展史乃至世界羽坛的地位如何，可以说是一无所知。为了充分了解这位传主，笔者通过各种渠道，搜集所有能找到的材料，细致深入地了解这位传主的生平。

最让我感动的是，在中华人民共和国成立初期，有那么一大批华侨，他们放弃在国外的优越生活，毅然投身到新中国的建设事业中。当时中国的羽毛球运动水平，就因为有这样一群归侨的到来，神话般迅速崛起，成为世界强队。正是有了这个基础，使中国羽毛球运动一直维持在较高的水平之上。其实，羽毛球只是一个方面，在其他的体育领域，在其他的社会建设领域，都有着为数众多的华侨身影，他们是新中国的脊梁。

最让我感兴趣，又不容易找到信息的是有关中国加入国际羽联的过程。这段历史虽然有不少文章有所介绍，侯加昌的自传也有提及，但有不少细节都语焉不详，让人很不理解。带着这些疑问，笔者从各种角度去搜集，包括专门找来霍英东的传记阅读。每一种资料都如同拼图的一小块，将它们拼接起来，终于把这段历史大致搞明白。此时，我不仅仅是豁然开朗，更是对几代中国羽毛球人，以及关心这项运动发展的社会人士的孜孜不倦努力感到由衷的敬佩。从历史的进程来说，可能即使不作任何努力，中国羽毛球也会最终进入世界羽毛球大家庭，但正是这些仁人志士的努力，才使这种进程更加快速、争取到更多的权利。今天，当我们理所当然地认为中国羽毛球队应该在某个国际比赛中可以获得什么名次时，再想想当年侯加昌们望其门而不得进，只能当"无冕之王"；想想霍英东他们为了与国际羽联斗智斗勇，设计了多少个方案，花费了多少心思，真是非常感慨，也更加珍惜今天每一个来之不易的成果。

侯加昌是一个内向的人，即使在他的传记中，对感情的表达也是极为含蓄的。但当笔者将他整个职业生涯串联起来，才真正感受到他那份对中国羽毛球事业的执着与热爱，这个结论绝不是从有多少人给予赞扬，或是他本人唱多少高调得出的，而是通过他默默的坚守所体现的。这种体现从一个短的时期来看，可能是无力的，没有多少人能够理解，但随着时间的推移，放在一个更广阔的维度进行观照，其人格的伟大将愈加放大。

写到此时，笔者突然发现，这虽然是一本小小的传记，但将会承载着厚重的历史意义。从这个角度看，更加感佩中国华侨出版社能够敏锐地选取这个人物作为这套杰出人物丛书的其中一个传主。中华民族正是孕育了这样一大批有着坚定爱国精神和执着实践的华侨，才能在近代这段激流汹涌的河道中千回百转、终泻汪洋。

由于本人的水平有限，也由于一些资料掌握得不够全面，书中难免会有错漏之处，敬请各位读者给予指正。

最后，向那些为中华民族伟大复兴作出贡献的华侨致敬！向那些为中国体育事业发展作出贡献的运动员、教练员致敬！

作 者

2022 年 9 月 11 日中秋节于广东江门